Citations de Nietzsche expliquées

Dans la collection Eyrolles Pratique

- *Citations hindoues expliquées*, Alexandre Astier
- *Citations de culture générale expliquées*, Jean-François Guédon et Hélène Sorez
- *Citations latines expliquées*, Nathan Grigorieff
- *Citations talmudiques expliquées*, Philippe Haddad
- *Citations taoïstes expliquées*, Marc Halévy
- *Citations de Spinoza expliquées*, Marc Halévy
- *Citations politiques expliquées*, Eric Keslassy
- *Citations littéraires expliquées*, Valérie Le Boursicaud-Podetti
- *Citations de Camus expliquées*, Jean-François Mattéi
- *Citations philosophiques expliquées*, Florence Perrin et Alexis Rosenbaum
- *Citations artistiques expliquées*, Michèle Ressi
- *Citations historiques expliquées*, Jean-Paul Roig

Marc Halévy

Citations de Nietzsche expliquées

EYROLLES

Éditions Eyrolles
61, bd Saint-Germain
75240 Paris Cedex 05
www.editions-eyrolles.com

Mise en pages : Istria

Sommaire

« Dans une certaine mesure, mais il ne faut pas s'y tromper, la notion de mort de Dieu n'a pas le même sens selon que vous la trouvez chez Hegel, Feuerbach ou Nietzsche. Pour Hegel, la Raison prend la place du Dieu ; c'est l'esprit humain qui se réalise peu à peu ; pour Feuerbach, Dieu était l'illusion qui aliénait l'Homme, une fois balayée cette illusion, c'est l'Homme qui prend conscience de sa liberté ; pour Nietzsche enfin, la mort de Dieu signifie la fin de la métaphysique, mais la place reste vide, et ce n'est absolument pas l'Homme qui prend la place de Dieu. »

Michel Foucaud

Prologue
et avant-propos

Nietzsche : l'homme, l'œuvre et les idées

Inutile, ici, de refaire une biographie de Nietzsche. D'autres en ont écrites de parfaites, surtout celle de Curt Paul Janz (*Nietzsche* chez NRF Gallimard – 1984). Quelques repères suffiront.

J'en profiterai seulement pour souligner quelques traits qui me semblent les plus révélateurs d'un homme et d'une œuvre hors du commun.

Car voilà bien la dominante de tout ce dossier « Nietzsche » : hors du commun. Nietzsche avait pleinement conscience d'être « inactuel », d'être tombé dans un lieu (l'Allemagne) et une époque (le XIXᵉ siècle) qui n'étaient pas faits pour lui.

Il les a, d'ailleurs, tous deux largement reniés. Dès que la maladie dont il souffrait (une syphilis contractée dans un bordel allemand alors qu'il était étudiant) lui a permis d'être pensionné et relevé de toute charge académique, il fuit l'Allemagne et mena une vie errante, de petits hôtels en pensions de famille, entre Nice et Turin, entre Sils-Maria et la Toscane. Nietzsche est un méditerranéen dans sa tête. Il pense en grec, pas en allemand. Il pense comme un grec, comme Héraclite et Xénophon, comme Eschyle et Sophocle.

De plus, Nietzsche hait son siècle. Il y voit une décadence moribonde, la fin d'un monde (qui continua de s'achever durant tout le XXᵉ siècle et qui expire enfin sous nos yeux). Nietzsche sait que la modernité que son siècle a reçue de la Renaissance, n'est que la version terminale du paradigme chrétien. Il en conchie l'idéalisme sous toutes ses formes : éthique (le moralisme), spirituelle (le monothéisme), économique (l'industrialisme), scientifique (le mécanisme), politique (le démocratisme), idéologique (le socialisme) et sociale (l'égalitarisme).

Nietzsche est à la fois critique et prophète. Il est critique – ô combien – lorsqu'il dénonce, avec la cruauté du scalpel, les idoles de son temps et la turpitude des bien-pensants. Il est prophète lorsqu'il veut libérer l'homme de ses propres esclavages consentis. Car là se place la thèse essentielle de tout Nietzsche : le paradigme chrétien et la modernité qui en procèdent sont d'immenses et perverses machinations pour aliéner l'homme, pour empêcher l'humanité d'entrer dans son âge adulte. Nietzsche veut libérer l'homme ! Il veut le rendre, tout entier, à son destin profond qui est de faire advenir ce qui le dépasse : le Surhumain.

L'homme

Friedrich Wilhelm Nietzsche naît dans une famille luthérienne pieuse le 15 octobre 1844 à Röcken (Saxe) – il perd son père très jeune et est élevé dans un monde de femmes : grand-mère, mère et sœur – et meurt à Weimar le 25 août 1900 dans un asile d'aliéné. Mais sa vraie mort survient à Turin le 7 janvier 1889 où son mental s'effondre. Il passera les onze dernières années de sa vie dans un mutisme émaillé d'improvisations pianistiques.

Après avoir caressé la tentation d'études théologiques afin d'embrasser la carrière de pasteur, Nietzsche se réoriente assez vite vers la philologie classique.

Il devient professeur de philologie à l'université de Bâle en Suisse à 24 ans (1868) et en obtient son congé en 1879. De 1879 à 1889, soit durant dix ans seulement, il accouche de son œuvre à un rythme hallucinant – surtout de 1887 à 1889.

Nietzsche connut deux amours aussi chastes et platoniques l'un que l'autre. D'abord, avec l'épouse de Richard Wagner, Cosima, qu'il déclara encore, lors de son admission à l'hôpital psychiatrique, comme étant sa femme à lui. Ensuite, avec Lou von Salomé qui fut, aussi, la chaste et vierge égérie de Paul Klee et de Rainer Maria Rilke.

À sa mort, Nietzsche laissa de grandes quantités de « fragments » que l'on dira posthumes. Ceux-ci ont été ignominieusement pillés, trafiqués, corrigés, réagencés par la sœur de Nietzsche, Elisabeth Förster-Nietzsche, admiratrice du Führer et épouse d'un dignitaire du parti du socialisme nationaliste. Elle publia son « œuvre » sous le titre *La Volonté de puissance* qui était le titre que Nietzsche comptait donner à un ouvrage dont il abandonna l'idée et dont les matériaux constituent l'essentiel du *Crépuscule des Idoles* et de *l'Antéchrist*.

Cette trahison sororale immonde a bien failli faire jeter la pensée nietzschéenne dans les poubelles nauséabondes de l'histoire philosophique. Heureusement, notamment en France, grâce au travail de Daniel Halévy et, dans les années 1960, aux ouvrages de Gilles Deleuze, Nietzsche (l'antiallemand et le philosémite) fut redécouvert et réhabilité. Depuis le début des années 2000, à la faveur de la grande rupture de la modernité et de son entrée définitive en crise, Nietzsche reparaît comme prophète de cette fin de paradigme que nous vivons chaque jour.

L'œuvre

On l'a dit, toute l'œuvre de Nietzsche vise la critique définitive du paradigme christiano-moderne et la libération de l'humanité vers son destin adulte propre.

Même si cette subdivision classique est bien plus floue et plus pédagogique que la vie réelle de la pensée nietzschéenne, il est coutume de poser trois périodes majeures dans son œuvre.

Pour le comprendre, il faut entrevoir que, pour Nietzsche, dont l'éducation biblique et luthérienne est prégnante, le salut de l'humanité appelle nécessairement un messie. Nietzsche veut sauver l'humanité en la libérant et en lui ouvrant les portes de l'âge adulte. Il veut donc trouver son messie.

Il en trouvera trois successifs.

Le premier messie de Nietzsche fut l'Art.

Pour Nietzsche, Wagner est l'artiste absolu et total qui opérera la synthèse définitive entre les trois arts majeurs dionysiaques : la tragédie, la poésie et la musique. Nietzsche pose une opposition radicale entre Dionysos et Apollon, entre Dionysos qui recherche la puissance de la vie sauvage et Apollon qui recherche la beauté de la forme apparente. Nietzsche récuse Apollon et ces arts apolliniens que sont les arts plastiques qui ne recherchent que la joliesse, que « l'art pour l'art », que les effets narcissiques et égocentrés des romantiques de son époque.

Nietzsche pose, face à tout cela, l'Art dionysiaque, l'Art en quête de la Vie, et de la puissance de la Vie, et de la tragédie de la Vie.

Et comprenons bien ce mot « tragique » qui est central dans l'œuvre première de Nietzsche, et ne le confondons pas avec le mot « dramatique ». Le « tragique » est à prendre au sens grec, dérivé du *tragos* : le « bouc ». Le sens du tragique est le sens du destin. Toute la tragédie grecque – dont Dionysos était le dieu – tourne autour de ce thème de l'échec de ceux qui n'assument pas leur destin ou qui tentent de lui échapper. Le cas d'Œdipe est, à ce titre, emblématique. Il n'y a là aucun fatalisme puisque tout n'est pas destiné. Chacun de nous porte en lui une latence qu'il lui faut accomplir : c'est cela le destin. « Deviens ce que tu es et fais ce que toi seul peux faire », écrivit Nietzsche, en s'inspirant de Pindare. Tout n'est pas déterminé, loin s'en faut, mais chacun porte des possibles qu'il lui faut réaliser. S'il ne le fait pas, par ignorance ou par négligence ou par lâcheté, il passe à côté de sa vie et la rate. C'est toute la leçon de la tragédie grecque.

Mais l'Art se révélera à Nietzsche comme un faux messie. Il abandonnera cette voie après qu'il eut découvert que son admiration pour Wagner allait à un mégalomane plus préoccupé de son image et de sa gloire que du salut de l'humanité.

Le deuxième messie de Nietzsche fut l'Immoralisme.

Le constat nietzschéen était simple et limpide : l'homme s'est laissé mettre aux fers par sa croyance aux idéaux et ces idéaux ne sont que de purs fantasmes idéalistes, greffés sur un « autre monde », pur et beau, où règne le Bien absolu. Nietzsche dénoncera tous ces idéaux fantasmagoriques et pourfendra définitivement tous les idéalismes. Nietzsche est l'anti-Platon absolu. Donc l'antichrétien absolu puisque le christianisme n'est que, via Augustin d'Hippone, du platonisme repeint aux couleurs du monothéisme. L'Idée suprême platonicienne du Bien est devenue l'Idée suprême chrétienne du Dieu le Père qui s'incarnera, par le Fils, pour rédimer l'humanité. Voilà tout.

Nietzsche récuse la « moraline » des bien-pensants. Il se prétend « immoraliste » car il sait que ce mot cingle comme un coup de fouet. Nietzsche adore provoquer. Mais il est, avant tout, et peut-être paradoxalement, un moraliste (au sens des moralistes français des XVIIe et XVIIIe siècles français : La Bruyère, Vauvenargues, Chamfort, etc.). Un moraliste de l'antimorale. Un moraliste à la recherche d'une éthique de vie qui se placerait « Par-delà Bien et Mal ».

Cette éthique serait une éthique amorale en ce sens qu'elle serait une recherche permanente du meilleur comportement *(Ethos)*, d'une meilleure harmonie (c'est la définition de la Sagesse), sans qu'il y ait, pour autant, de normes morales édictées par un Dieu transcendant ou, plus exactement, par les pouvoirs temporels qui s'installent au nom de ce Dieu. Toute la critique acerbe du Nietzsche « immoraliste » (*Aurore, Par-delà Bien et Mal, L'Antéchrist, Généalogie de la Morale*) – comme du Spinoza du *Traité théologico-politique* – va pleinement dans ce sens. Le Bien n'est pas affaire d'application (morale) d'un code « révélé », mais de volonté (éthique) de se comporter en harmonie avec la Vie.

Mais Nietzsche conviendra que l'immoralisme qu'il professe est d'abord critique et destructeur puisqu'il sape les fondements du paradigme christiano-moderne, mais que les ruines fumantes qu'il laisse derrière lui sont vaines si elles ne fécondent pas un renouveau, un nouveau monde, un nouveau paradigme. Critiquer avec tant de lucidité et une joyeuse cruauté, c'est bien ; mais est-ce suffisant ?

Le dernier messie de Nietzsche fut Zarathoustra.

Au tournant de 1882, Nietzsche publie *Le Gai Savoir* (*La Gaya Scienza* dont le titre provençal est un clin d'œil aux troubadours qui inventèrent le « Fol Amor » à la fin de l'ère médiévale). Ce livre fera charnière entre la deuxième et la dernière période de sa courte vie. Et très vite derrière *Le Gai Savoir*, en 1883 et 1885, paraîtront les deux tomes de son chef-d'œuvre : *Ainsi parla Zarathoustra*.

Nietzsche est alors loin de sa foi en l'Art et connaît les limites de son Immoralisme. Il faut aller plus loin. Beaucoup plus loin. Quitte à revenir sur ces thèmes-là plus tard. Il le fera avec *La Généalogie de la Morale*, avec *L'Antéchrist*, avec *Nietzsche contre Wagner*, avec *Le Cas Wagner*. Mais trois livres forment un grand soleil au centre de la période purement nietzschéenne de la vie et de l'œuvre de Nietzsche : *Ainsi parla Zarathoustra – Un livre pour tous et pour personne*, au centre, entouré de *Le Gai Savoir – La Gaya Scienza* qui l'annonce, et de *Le Crépuscule des Idoles – Comment philosopher à coups de marteau* qui le clôt.

Nietzsche y découvre que le seul messie qui vaille sommeille au fond de soi et qu'il faut le réveiller et le faire parler, le laisser parler.

Nietzsche donnera un nom à ce génie intérieur qui lui parle : Zarathoustra ! Le nom est persan et désigne un messie raté et idéaliste, Zoroastre, qui, au VIe siècle avant l'ère vulgaire, tenta, en vain, de réformer le mazdéisme iranien. Les réformes que Zoroastre voulait radicales, furent intégrées et digérées par la religion ancienne. Nietzsche veut lui donner une seconde chance. Il fait ressortir Zarathoustra de la caverne où il s'était retiré pour ruminer son échec. Zarathoustra a enfin compris : « Dieu est mort » et il n'y a aucun arrière-monde. Mais il n'a pas encore tout compris. Il croit encore qu'il peut convaincre et sauver tous les hommes. La foule le rejettera par amour de sa propre médiocrité. Le salut de l'humanité ne sera que le salut de quelques « hommes supérieurs ». Le troupeau, lui, croupira dans sa bassesse avant de s'y dissoudre.

Les idées

Kant, le vieil ennemi mortel de Nietzsche, avait posé les trois questions philosophiques fondamentales.

« Que puis-je savoir ? » : la question de la connaissance, des limites de la raison humaine, de l'écran des sens qui n'atteignent que les apparences superficielles, la question de la vérité.

« Que puis-je faire ? » : la question de la liberté et du libre arbitre, du champ des possibles, de l'action et de sa valeur, de la morale et de l'éthique, de la volonté et du désir.

« Que puis-je espérer ? » : la question du sens (sens de l'existence, de la vie, du monde), la question du salut, de la récompense et du châtiment, de la reconnaissance et de la paix intérieure.

À ces trois questions du rationaliste invétéré que fut Kant, Schopenhauer, le maître vénéré et jamais désavoué de la jeunesse de Nietzsche, en suggère une autre : « Que puis-je aimer ? » car, aux côtés de la raison kantienne, surgit l'intuition schopenhauerienne qui réhabilite le désir et la passion.

Nietzsche reprend ces quatre questions et, bien entendu, en bon père qu'il est de l'idée d'inversion de toutes les valeurs, il en retourne l'ordre.

Les quatre questions nietzschéennes recevront, chacune, une réponse. Ces quatre principes, ensemble, formeront les piliers d'assise de tout l'édifice nietzschéen. Méditons-les dans l'ordre qu'a voulu Nietzsche (et qui forme l'architecture de *Ainsi parla Zarathoustra*).

« Que puis-je aimer ? »

La Vie ! répond Nietzsche. « Dieu est mort », la Vie est la seule réalité qui emplit et anime tout ce qui existe. La Vie est plus qu'un phénomène biologique ou un mode d'existence : elle est le fondement cosmique de la réalité (on n'est, là, pas très loin de l'hylozoïsme stoïcien). Le Dieu chrétien – ou, plutôt, les autorités de pouvoir qui parlèrent en son nom – hait la Vie, la chair, le corps, le plaisir, la joie, la force, la puissance, l'exubérance, le foisonnement, le désordre créatif ; il est un Dieu de souffrance et de mort qui institua un visage du salut construit, précisément, sur la souffrance et la mort, sur le sacrifice et le martyre, sur la pénitence et la culpabilité, sur l'humilité et l'obéissance, sur le péché et la faute.

Mais ce Dieu-là, ce Dieu de mort, est mort. Nietzsche n'est pas, contrairement à ce que l'on a trop souvent écrit, un athée. Tout *Zarathoustra* est une ode (un dithyrambe, faudrait-il écrire) mystique, mais d'une veine mystique spiritualiste et moniste, panthéiste ou panenthéiste. Ce qui habite l'âme de Nietzsche, ce n'est pas l'athéisme, mais l'antithéisme, le rejet et le refus radicaux d'un Dieu personnel et transcendant, créateur du monde, extérieur et étranger à lui. Ce Dieu-là est mort. Le Divin qui habite ce monde lui est immanent, et ce Divin immanent s'appelle la Vie. Au Dieu mort, Nietzsche oppose la Vie vivante.

« Que puis-je espérer ? »

Le Surhumain ! L'espoir de l'homme est l'avènement du Surhumain, c'est-à-dire de ce qui dépassera l'homme dans l'ordre de l'évolution cosmique. L'humanité de l'homme n'a aucun avenir. L'homme en tant que tel n'a ni sens, ni valeur. L'humain n'est rien s'il n'est pas un chemin, un pont entre l'animal et le Surhumain. Nietzsche est radicalement antihumaniste. L'homme n'est ni le centre, ni le sommet, ni le but de rien ; l'homme n'est la mesure de rien. L'homme ne prend de sens et de valeur que par ce qu'il fait. La dignité intrinsèque de l'être humain est un bobard idéaliste. L'homme ne compte pas ; seule son œuvre, si œuvre il y a, compte. Et cette œuvre ne compte que dans la stricte mesure où elle contribue à l'avènement de ce qui dépasse l'homme. Hors de là, l'homme n'est qu'une vermine grouillante et parasite qui pille et saccage la surface de la Terre. Pour Nietzsche, le Surhumain n'a évidemment rien à voir avec le surhomme héroïque, blond aux yeux bleus, bronzé et musclé décrit jusqu'à la nausée par les propagandes nazie ou hollywoodienne. Le Surhumain n'est pas de l'ordre du physique ou de la génétique, mais de l'ordre de l'intelligence, de la connaissance, de la conscience. Le Surhumain est un stade, pas une espèce.

Et le passage à ce stade supérieur est soumis à un terrible effet de seuil. Peu d'élus (les « hommes supérieurs ») réussiront à le franchir. Les masses, elles, méprisables et arrogantes, resteront définitivement en aval, dans la fange de leur médiocrité. Le nietzschéisme est un aristocratisme opposé à toute forme de démocratisme et d'égalitarisme. Après avoir été l'anti-Kant et l'anti-Platon, Nietzsche incarne aussi l'anti-Rousseau. Il exècre les « Lumières » qui n'ont fait que laïciser la vieille antienne chrétienne : la morale du ressentiment et de la jalousie, la morale des faibles et des esclaves.

« Que puis-je faire ? »

La « Volonté de Puissance » ! Assumer son destin, non en le subissant avec fatalité, mais en l'assumant dans la joie et avec volonté. Nietzsche appelle cette manière de vivre son destin propre dans la joie : *Amor Fati* (« amour du destin »).

Le mot « puissance » a souvent prêté à confusion malgré les limpides explications qu'en donne Nietzsche lui-même. Par « volonté de puissance », il ne faut pas entendre ce désir de pouvoir et de domination de l'autre si commun parmi les hommes. *Wille zur Macht*, en allemand, désigne un désir volontaire *(Wille)* vers *(zur)* plus de potentiel *(Macht)*, vers plus de possibles, vers plus de chemins de réalisation de soi. La « Volonté de Puissance » est une tension intérieure (une in-tension, une intention) qui anime tout ce qui existe. Elle est le moteur unique et omniprésent de toute l'évolution cosmique. Elle est, au sens étymologique, l'Âme du monde et l'âme de tout ce qui y vit.

Nietzsche n'a pas oublié son étude de La « *Naissance de la tragédie* » grecque et de l'absurdité qu'il y a à ne pas assumer joyeusement son destin propre, c'est-à-dire à ne pas actualiser l'intention de l'accomplissement de soi en plénitude. Ni fatalité, ni futilité, mais fertilité. La « Volonté de Puissance » est la troisième voie, celle qui repousse, dos à dos, les deux voies classiques du déterminisme (la fatalité) et le hasardisme (la futilité). Elle est la voie de la fertilité qui, à chaque pas, à chaque instant, ne vise qu'une seule chose : accomplir tout l'accomplissable, ici et maintenant. Elle est la seule voie du salut : le salut par la joie ! Car la joie ressentie au plus profond du cœur est la récompense immédiate des efforts d'accomplissement qui ont été consentis.

« Que puis-je savoir ? »

L'« Éternel Retour » ! Voilà la notion la plus difficile du paysage nietzschéen. Nietzsche ne la définit vraiment nulle part. Elle est plus une intuition, une illumination, une révélation mystiques qu'un concept proprement philosophique. L'idée part d'une erreur de raisonnement scientifique : certains physiciens de l'époque avaient prétendu que, le nombre d'atomes dans l'univers étant fini et le nombre des combinaisons entre atomes étant également fini, il était fatal que le monde, après un laps de temps suffisamment long, retombât dans un état antérieur déjà visité et que, donc, le monde allait, à partir de là, recommencer à l'identique tout son périple. Nietzsche prit ce raisonnement pour argent comptant et en tira les conséquences philosophiques suivantes : chacun revivrait éternellement et à l'identique, la vie qu'il aura déjà vécue une infinité de fois. Si le raisonnement physicien initial est faux – on le sait pertinemment aujourd'hui –, la conclusion philosophique ne lasse pas d'être correcte et profonde : il faut vivre chaque instant de sa vie comme si l'on devait le revivre à l'identique pour toute l'éternité. En ce sens, le paradis et l'enfer ne sont pas des « ailleurs » psychopompes, ils ne sont que des conséquences immédiates et inéluctables de la manière dont nous vivons et assumons chaque instant de vie : nous créons notre propre enfer ou notre propre paradis à chaque instant, par ce que nous en faisons.

Nietzsche aujourd'hui

Un homme, une œuvre, des idées... hors du commun, « inactuelles ». Nietzsche fut considéré comme un des philosophes du soupçon par quoi il faut entendre qu'il est, avec, dit-on, Marx et Freud, le grand initiateur de la remise en cause de la modernité et de ses certitudes.

Curieusement, aucun de ces trois « maîtres du soupçon » n'était philosophe « professionnel ». Nietzsche était philologue, Marx politologue et Freud psychologue.

Seul Nietzsche, aujourd'hui, peut réellement être considéré comme un authentique philosophe, les deux autres ayant reçu, de la part de l'histoire, un total déni. Le marxisme et la psychanalyse ont été – et sont toujours – de charlatanesques calamités, des idéologies néfastes, des religions laïques bourrées de dogmatismes et de fanatismes.

Rien de tel avec l'œuvre de Nietzsche. Elle est plus actuelle et à-propos que jamais. Nous vivons aujourd'hui, jour après jour, l'accomplissement de la prophétie nietzschéenne. Ce sera l'objet de notre épilogue que d'en discuter.

Mais pour l'heure, place aux citations de Friedrich Wilhelm Nietzsche !

Le jeu des commentaires de citations est un jeu dangereux s'il ne lui est appliqué une déontologie scrupuleuse. On le sait depuis longtemps : on peut faire dire n'importe quoi et son contraire à toute citation hors de son contexte (c'est exactement ce que fit la propre sœur de Nietzsche avec les « fragments posthumes » qu'elle a fallacieusement trafiqués à des fins idéologiques infâmes).

Le seul garant d'un commentaire, quel qu'il soit, est l'œuvre tout entière dont la citation est issue.

Quant au choix de celles-ci : je n'hésite pas un instant à assumer mon total arbitraire subjectif. Tout cela naît un peu comme naît un bouquet de fleurs des champs au hasard d'une promenade dominicale et enso-leillée. Ne cherchez pas de logique, il n'y en a aucune hormis l'ordre chronologique des livres de Nietzsche dont elles sont tirées.

Ne cherchez pas non plus les références, il n'y en a pas : c'eût été trop fastidieux d'alourdir une présentation qui se veut aérienne, légère, éthé-rée avec des mentions savantes, au fond plus académiques qu'utiles.

Il ne s'agit pas ici, de mener une herméneutique de l'œuvre nietzs-chéenne, ni d'en faire un résumé complet et cohérent. Il s'agit bien plutôt de donner envie d'y aller voir, d'y aller lire et ruminer et méditer et butiner.

Donner envie… voilà tout le propos !

Première partie

Vivre

Expérimenter, c'est imaginer.

Nietzsche le paradoxal : qu'y a-t-il de plus éloigné de l'expérimental que l'imaginaire ? L'expérience n'est-elle pas colletage avec le réel alors que l'imagination brasse l'irréel ? Nietzsche, ici comme partout, dénonce toute pensée binaire dont l'Occident est si féru depuis son aube.

Bien et mal, beau et laid, bon et mauvais, vrai et faux, sacré et profane… ou encore : féminin et masculin, positif et négatif, proche et lointain ; tous ces binaires irriguent la philosophie depuis longtemps mais sont autant d'idéalisations simplistes. Rien n'est vraiment vrai ou vraiment faux. La dualité manque de nuances. Elle idéalise car elle radicalise ce qui n'est jamais radical. Nietzsche a retenu les leçons que son maître de jeunesse, Arthur Schopenhauer, a tirées de ses études du bouddhisme. Nagarjuna, le célèbre logicien du IXe siècle, avait théorisé une logique excluant les binaires et rejetant le principe du tiers exclu.

Mais ici, plus précisément, Nietzsche récuse le dogme scientiste et, avec raison, stigmatise la foi empiriste de son temps. Il affirme que l'expérimentation « objective » n'est qu'un montage et un protocole spécieux qui permettent d'éliminer ce que l'on ne veut pas voir pour ne montrer que ce que l'on veut.

Le bonheur, quel qu'il soit, apporte air, lumière et liberté de mouvement.

Correspondances

Le bonheur ? Nietzsche n'y croit pas. Qu'importe le bonheur, seule l'œuvre compte, dira-t-il.

Mais derrière ce mot trompeur, Nietzsche vise autre chose. Il l'utilise pour attirer l'attention sur les trois composantes de la plénitude humaine : l'air, la lumière et la liberté. Et il spécifie : liberté de mouvement et non liberté tout court ou liberté de pensée (qui, elle, est toujours acquise, même dans la plus sordide des geôles). Nietzsche énumère les trois conditions « extérieures » du bonheur, c'est-à-dire de la plénitude humaine.

L'air : ce qui permet de respirer, donc de vivre. L'air et le souffle pointent l'âme dans toutes les langues anciennes : *roua'h* en hébreu, *atman* en sanskrit, *psyché* en grec, *spiritus* en latin, tous ces mots ont un même double sens. Souffle d'air et esprit d'âme. Le bonheur passe par la respiration de l'âme, par l'air pur et vivifiant, symbolique, que l'on trouve en haute montagne.

La lumière : ce qui illumine cette âme respirante et qui en éloigne les ténébreuses obscurités. Zarathoustra, comme Nietzsche, est un être solaire ; Nietzsche aime la lumière méditerranéenne qu'il oppose aux noirceurs des forêts allemandes.

La liberté : la liberté de mouvement garantit le loisir d'aller et venir, d'errer, de vagabonder, de sortir des sentiers battus et d'oser l'audace.

Cupidon est avant tout un petit régisseur de théâtre.

Correspondances

L'amour n'est que comédie : voilà la leçon. Nietzsche fut assez misogyne – sauf envers son second amour, Lou von Salomé, pour l'intelligence et l'érudition de laquelle il avait une profonde admiration.

Il écrit quelque part que l'homme est l'éternel dupe de la femme : lui croit au couple et à l'amour, elle ne croit qu'à l'enfantement et à la progéniture. Lui ne voit en elle que l'amante, elle ne voit en lui que le géniteur. Et tout le reste n'est que mise en scène, affaire de régisseur.

En voulait-il à cette prostituée qui lui inocula le mal qui le rongea toute sa vie, au prix d'effroyables migraines et d'incessantes nausées accompagnées d'interminables vomissements, ce mal qui, à Turin, fit s'effondrer son psychisme et le condamna au mutisme durant les onze années qu'il lui restait à vivre ? En voulait-il aux trois femmes qui le maternèrent durant son enfance ? En voulait-il à Lou d'avoir refusé de l'épouser ?

Ou Nietzsche était-il simplement lucide ?

Mais notons le « avant tout »… Eros peut être parfois autre chose qu'un petit régisseur de comédie humaine.

La sottise chez les femmes, c'est ce qu'il y a de moins féminin.

Correspondances

La phrase paraît choquante, misogyne, scélérate. Mais lisons bien : « ce qu'il y a de moins féminin », donc ce qu'il y a de plus masculin !

La sottise est masculine et, en faisant les sottes, les femmes ne font que singer les hommes.

Mais si les femmes ne sont pas sottes, que sont-elles ? Nietzsche ne répond évidemment pas. Le maître de l'allusion et de l'illusion laisse planer le doute et le mystère...

La sottise, souvent, est conspuée par Nietzsche : elle est le grand fléau de l'humanité. Les hommes sont stupides et cette stupidité prend, le plus souvent, la forme de la cupidité et de l'avidité.

La modernité a tout fait pour faire admettre la sottise, la bêtise, l'ignorance au titre de l'égalité des hommes. Puisque tout le monde a droit de voter, même les plus sots, cela signifierait donc bien que cette sottise n'a rien de rédhibitoire.

La sottise est faiblesse de l'esprit et l'on sait combien Nietzsche hait la faiblesse. Cette faiblesse n'a rien à voir ni avec la chétivité physique, ni avec la pauvreté économique, ni avec l'impuissance sociétale. La faiblesse sévit autant chez les riches que chez les miséreux, autant chez les costauds que chez les malingres, autant chez les meneurs que chez les suiveurs.

La faiblesse est tout intérieure ; elle est un état d'esprit.

Veux-tu avoir la vie facile ?
Reste toujours près du troupeau,
et oublie-toi en lui.

Fragments posthumes

La Modernité a voulu libérer l'homme de toutes les contraintes naturelles, spirituelles, politiques, économiques et noétiques, mais elle l'a rendu esclave d'une nouvelle idole : la facilité.

La facilité est une drogue dure dont l'humanité veut des doses de plus en plus fortes. L'assuétude est terrible : le manque, la peur du manque ou l'envie sont insupportables. Elle tuerait non père et mère, mais fils et petit-fils pour avoir sa dose quotidienne.

Et face au facile : le difficile.

Ce qui est facile ne vaut rien. Seul le difficile qui appelle effort et courage, donne valeur à l'acte. Le chemin n'est pas difficile, c'est le difficile qui est chemin.

Mais la Modernité a pipé les dés et, subrepticement, elle a troqué le concept de simplicité par celui de facilité. Tout doit être facile : l'école, l'amour, la réplétion, le travail, la sécurité, le *panem et circenses* (qui, aujourd'hui, deviendrait : « McDo et Foot »), la vie et la mort, la femme et l'enfant.

Le dieu « facilité » règne sur la Modernité et y pourrit tout, y dévalorise tout, y désacralise tout. Comment encore respecter ce qui est à la portée de tous, tout le temps ? Mais voilà bien la voie de la démocratisation, la voie plébéienne, la voie du troupeau qui exige l'abandon de soi.

> ❝ *L'admiration d'une qualité ou d'un art peut être si forte qu'elle nous empêche de nous efforcer d'en obtenir la possession.* ❞

La Naissance de la tragédie

Voilà peut-être l'essence de la sacralisation et du sacré : ce que l'on ne peut ni ne veut posséder tant c'est admirable, au-dessus de la condition humaine, tant c'est divin.

On ne veut posséder que ce qui est à notre portée puisque la possession exige, ensuite, la maîtrise. Mais comment posséder ce qui nous dépasse infiniment ? Comment oser croire que l'on puisse arrimer au sol ce qui appartient au ciel ?

Face à l'incommensurable, tout effort est vain.

Mais, comme toujours, Nietzsche frappe avec une lame à double tranchant : la sacralisation inhibe et émascule, elle est castratrice parce que l'on n'ose pas toucher ou atteindre ce qui paraît inaccessible, ce dont on dit qu'il serait sacrilège de s'approcher.

Nietzsche, bien sûr, est iconoclaste et une bonne partie de son œuvre milite à démystifier les tabous de la Modernité et, derrière leur paravent, ceux du christianisme.

Nietzsche se veut le grand blasphémateur : un Lucifer, au sens étymologique du « porteur de lumière ».

Il ironise : ah, votre admiration vous tétanise, alors n'admirez rien !

*« **Notre caractère est déterminé par l'absence de certaines expériences plus encore que par celles que l'on fait.** »*

Correspondances

Ce que nous faisons nous sculpte moins que ce que nous ne faisons pas. La leçon est impertinente par sa profonde pertinence. L'homme est un animal sécuritaire : il aime à répéter ce qu'il connaît. Il est un sédentaire de l'action, habité par quelque trouble obsessionnel compulsif. En répétant ce qu'il aime ou ce qu'il connaît, il se conforte, il confirme ce qu'il est, il se rassure quant à sa propre identité immuable. Mais il n'apprend rien, mais il ne nourrit pas son accomplissement de soi.

Tel est le propos de Nietzsche qui stimule à oser l'inexpérimenté et à confronter ce que l'on est à ce que l'on peut ou veut devenir.

Être et Devenir ! Toute la philosophie occidentale – à quelques exceptions près dont Héraclite, Spinoza, Hegel et Nietzsche – est construite sur une métaphysique de l'Être, de l'immuable, de l'essence qui prend existence, sur l'identité constante et les Idées immuables qui président aux accidents de ce bas monde. Nietzsche s'insurge. Il faut bâtir une philosophie de l'avenir sur le socle d'une métaphysique du Devenir : rien n'est, tout devient, advient, tout se transforme et vit. Vivre c'est rechercher l'inexpérimenté pour alimenter le Devenir. Vivre, c'est créer !

" *Nos défauts sont les yeux avec lesquels nous voyons l'idéal.* "

Fragments posthumes

Qu'est-ce que l'idéal ? Platon avait répondu : l'idéal exprime l'Idée immuable et éternelle dont ce qui existe s'inspire maladroitement pour exister. Augustin d'Hippone le dira autrement dans sa *Cité de Dieu* : ce monde est imparfait, vil, impur, voué à la chair et au péché, infâme et abject ; mais face à ce monde misérable se dresse la perfection absolue de « l'autre monde », spirituel et pur, le monde de Dieu qui n'est autre que le monde des Idées de Platon repeint aux couleurs évangéliques.

Nietzsche fustige cette croyance puérile en un monde parfait et idéal qu'il faudrait dupliquer dans ce monde-ci. Nietzsche dénonce la super-cherie : l'idéal, quel qu'il soit, traduit le refus du réel tel qu'il est. Or seul le réel tel qu'il est existe et tout idéal n'est que fantasme et projection infantile. « Le monde n'est pas comme je le souhaiterais ? Alors, il doit bien exister quelque part un autre monde conforme à mes vœux et à mes caprices. Tant pis, je refuse le monde réel et m'acharnerai à le façonner pour qu'il ressemble à la caricature de mes fantasmes. » Et ce faisant, notre pauvre diable d'idéaliste, passera à côté du réel tel qu'il est et de ses trésors. Il passera à côté de sa vie, croyant en une « après-mort » qui le comblera.

Le désir est signe de guérison ou d'amélioration.

Fragments posthumes

Le désir fut – et est toujours – diabolisé. L'être chrétien implique le refus du désir, sous quelque forme qu'il se présente. Désir de la chère ou de la chair, bien sûr, mais aussi désir de connaître, de comprendre, de questionner. Le désir est l'outil majeur du Malin qui l'instille dans les cœurs et leur fait oublier leur devoir de soumission et d'obéissance à la loi. Il n'y a rien à désirer ici-bas puisque tout sera octroyé, aux saints, là-haut. Ce monde terrestre et matériel est mauvais, foncièrement et essentiellement mauvais. Il ne contient donc rien qui puisse être désirable.

Et Nietzsche de prendre tout cela à la lettre pour le retourner comme un gant : si vous consentez à votre désir, noble ou vulgaire, au moins cela indique que vous sortez de l'ornière et que vous êtes en voie de rédemption.

Car il faut sauver sa propre vie des griffes sataniques des doctrines de mort. Il n'y a pas d'autre vie que celle-ci. Personne n'a le droit de la gâcher, de la gaspiller. Surtout pas au nom de croyances puériles.

Bien plus : tout est désir ! Pourquoi Dieu aurait-il créé le monde si le monde n'était pas son désir ? Le désir est le moteur de tout ce qui existe et comme tout moteur, il peut conduire plus haut ou plus bas. Mais les défauts de l'itinéraire ne disent rien quant à la qualité du moteur…

Évaluer, c'est créer : écoutez donc, vous qui êtes créateurs ! C'est l'évaluation qui fait des trésors et des joyaux de toutes choses évaluées.

Fragments posthumes

Il n'y a aucune valeur en soi. Cette idée est récurrente chez Nietzsche : toute valeur est relative. Il n'existe aucune valeur qui serait absolue. Il n'y a d'ailleurs rien qui soit absolu. Et surtout pas venant de la sphère humaine.

Le relativisme nietzschéen a souvent faire dire que Nietzsche fut nihiliste et que, donc, pour lui, rien (*nihil* en latin) ne pouvait avoir de valeur. Cette assertion est fausse. Relativisme et nihilisme ne sont pas synonymes, ni pour la philosophie en général, ni pour Nietzsche en particulier.

Pour la philosophie, le fait qu'une valeur soit relative n'implique pas qu'elle n'ait aucune valeur ; tout au contraire, toute relative qu'elles soient, des idées comme la liberté, la vérité, la sagesse ou l'harmonie sont de très grandes valeurs.

Quant au prétendu nihilisme de Nietzsche, il faut reconnaître que la deuxième période de sa vie connut la tentation nihiliste (dans *Aurore*, notamment). Mais il se reprit aussitôt et, dès *Le Gai Savoir*, Nietzsche dépasse et condamne le nihilisme pour construire la « transvaluation de toutes les valeurs ». Bien au contraire, il désignera le nihilisme comme la suite logique du dogmatisme chrétien et comme le dernier rempart de la modernité et du « dernier homme ».

> *On commence à deviner ce que vaut quelqu'un quand son talent faiblit, quand il cesse de montrer ce qu'il peut. Le talent peut être un ornement, et l'ornement une cachette.*

Ecce Homo

Terrible sentence ! Sans le dire, Nietzsche distingue ici le talent vrai – inépuisable – du talent apparent – le brio, la clinquance, la gloriole mondaine. C'est bien sûr cette dernière que l'aphorisme vise.

Le talent apparent est un déguisement mondain, une parure, un ornement qui dissimule la réalité vraie de celui qui s'y cache. Il ne faut pas s'y laisser prendre, se laisser éblouir. Il n'y a là que fausseté et hypocrisie.

Mais comment distinguer le talent vrai du talent faux ? Précisément à ceci que le talent vrai est inépuisable puisqu'il est l'expression et la manifestation d'une force cosmique, profonde, impersonnelle que Nietzsche, plus tard, appellera la « Volonté de Puissance ».

Il dira, dans *Ecce homo*, que dans son *Zarathoustra*, ce n'est pas lui qui parle, mais une force incontrôlable qui émane de lui. N'y a-t-il pas là quelque chose de l'extase et de la transe ? Quelque chose que Platon théorisa sous le nom de réminiscence ? Quelque chose qui s'oppose au : « Je pense donc je suis » de Descartes et qui crierait : « Je suis pensé donc il est. »

« *Un animal grégaire, un être docile, maladif, médiocre, l'Européen d'aujourd'hui !* »

Fragments posthumes

Nous voici au centre de l'anthropologie nietzschéenne. Le diagnostic claque comme un fouet sur la chair tendre. Le propos de Nietzsche est terriblement simple sans être aucunement simpliste : le christianisme, cette religion très majoritaire de l'Européen, a tétanisé l'homme en lui faisant renoncer à son destin d'homme et en le transformant en esclave de fantasmes et de croyances idéalistes qui ont tous en commun de lui interdire de s'affirmer et de se réaliser.

La force de mort contre la force de vie. L'être à genoux face à l'homme debout. L'être humble et soumis face à l'homme fier et libre.

Avec la modernité – qui n'est qu'une resucée laïque du christianisme, inscrite dans le même paradigme et la même anthropologie que celui-ci –, l'humain atteint le fond de sa sujétion. Alors que la modernité entendait libérer l'homme, elle l'a rendu esclave de lui-même, de ses idéaux : égalité, solidarité, charité, vérité, équité, socialité, et tant d'autres.

L'homme individuel est montré du doigt. L'homme aristocratique qui prétend ne dépendre de rien, ni de personne, qui proclame son autonomie, qui dédaigne la grégarité, qui répugne à la vulgarité, cet homme est condamné sans procès : il n'a pas le droit d'être lui-même, de ne croire qu'en son propre destin, de ne compter que sur ses propres forces et son propre génie.

Croyance n'est pas foi. Nietzsche est un homme de foi – en la Vie, en le Surhumain, en la Volonté de Puissance, en l'Éternel Retour – mais il répugne à toute croyance ! La croyance est collective, grégaire : elle est opinion donc dogme, étymologiquement. La croyance est une ornière sociale où le char de la vie s'embourbe.

Garder ses croyances intactes, c'est-à-dire ne pas oser les remettre en cause, les questionner ou les mettre en doute, est symptomatique soit d'hypocrisie, soit de bêtise.

Syndrome de la messe dominicale : y aller ou ne pas y aller ? Y aller poussé par la foi, par le désir de vivre un moment initiatique, par l'instinct du sacré : soit. Mais y aller par convenance sociale ou par ignorance crasse : quelle dérision.

Mauvaise vue ou mauvaise foi. L'expression est percutante. Et si juste. Et toute l'histoire de la pensée est ainsi jonchée des victimes expiatoires de cette mauvaise vue et de cette mauvaise foi.

Dans foi, il y a confiance, mais dans croyance, il y a créance. D'un côté le pari, de l'autre le calcul ? Voilà toute la nuance.

__Si vous ne pouvez être des saints de la connaissance, soyez-en au moins les guerriers.__

Ainsi parla Zarathoustra

Comme déjà esquissé, pour Nietzsche, l'avenir de l'humain est le Surhumain, et ce Surhumain n'est pas une nouvelle espèce génétique mais une nouvelle modalité noétique. Le Surhumain, ce qui dépasse l'humain, ce qui constitue la vocation et le destin de l'humanité relève de la connaissance, au sens le plus puissant et profond de gnose. Avec Vladimir Vernadski et Pierre Teilhard de Chardin, on peut penser que ce qui dépasse ainsi l'homme ressemble à l'émergence, depuis le terreau humain, de la noosphère.

Et que dit Nietzsche ? Que ceux qui sont incapables d'en être les saints en soient au moins les guerriers. On pense aux Templiers, ces moines-soldats qui cherchaient, dans les déserts de la vie, autant le fait de sainteté que le fait d'armes.

Mais qu'est-ce qu'un saint – homme de paix – de la connaissance ? Un guerrier – homme de bataille – de la connaissance ? Le saint vit la connaissance de l'intérieur. Le guerrier la protège de l'extérieur. Mais tous deux reconnaissent que la connaissance est le trésor ultime de l'homme.

Nietzsche, donc, plaide ici pour cette prise de conscience : seule la connaissance donne sens, valeur et justification à l'homme !

Nietzsche, ici, affronte Schopenhauer, son maître de jeunesse, apôtre du pessimisme absolu qui influencera grandement nombre de philosophes (Kierkegaard, Bergson, Wittgenstein, Cioran, les existentialistes).

Le lien que noue Nietzsche ici relie pessimisme et absurdité. Examinons ces deux mots. Le pessimisme philosophique ne prend en compte, dans le réel, que le négatif car il ne voit dans le positif que l'accident qui confirme le fondamental. L'absurdité philosophique nie toute forme de sens ou d'intention dans l'univers.

Ce lien entre ces deux notions devient évident dès lors que l'on comprend qu'il serait proprement ridicule de voir, à l'action dans l'univers, une intention de souffrance et de négativité.

Autrement dit, si le Mal est foncier et fondateur du réel, alors ce réel ne peut qu'être absurde.

A contrario, puisque Nietzsche fustige le pessimisme philosophique de Schopenhauer, c'est bien que le réel n'est pas absurde et qu'il est mû par une intention : la « Volonté de Puissance ».

On comprend alors pourquoi c'est un non-sens que de ne pas voir poindre la mystique spiritualiste de Nietzsche qui, certes, est anti-théiste (il refuse l'idée d'un Dieu personnel et transcendant, étranger au monde matériel et réel) mais pas athée.

La connaissance tue l'action, pour agir il faut que les yeux se voilent d'un bandeau d'illusion.

Fragments posthumes

On sent, ici encore, la pression de Schopenhauer pour qui le désir d'action (le « vouloir-vivre ») était synonyme d'aveuglement et d'ignorance. Celui qui sait, ne fait pas : celui qui fait, ne sait pas.

Nietzsche reprend cette idée à son compte. Il en reviendra et prendra l'option opposée en faisant de l'action, au-delà de la connaissance, le moteur de la libération de l'homme.

Pourquoi agir ? Pour transformer le monde. De deux choses l'une : sur le torrent de l'histoire, ou bien on veut aller à contre-courant et il faut alors s'épuiser à nager, ou bien on se satisfait du courant et il suffit de se laisser flotter.

Et pour ainsi s'épuiser à nager à contre-courant, il faut avoir une sacrée conviction idéaliste et refuser le réel tel qu'il est, et le courant de l'histoire tel qu'il est. Et cette conviction ne peut qu'être illusion puisque le réel est tout le réel et que tout ce qui n'est pas lui est forcément illusoire.

« Celui qu'entoure la flamme de la jalousie, celui-là en fin de compte, pareil au scorpion, tourne contre lui-même son dard empoisonné. »

Fragments posthumes

Une symbolique ancienne prétend que le scorpion, plutôt que d'accepter une mort dans les flammes, préfère retourner contre lui son propre dard venimeux.

Notre citation propose deux idées. La première est que la jalousie est un feu destructeur. La seconde est que l'homme est un scorpion.

Nietzsche glosera beaucoup sur l'esprit de jalousie et sur les morales du ressentiment qui en découlent. Sa thèse est claire : le suffrage universel donne le pouvoir aux faibles – ou, plutôt, à leurs représentants qui constituent l'élite démagogique opposée à l'élite aristocratique – dont toute la politique consiste à se venger de leur faiblesse en tyrannisant les forts qui ne leur demandent rien.

Ceci posé, on peut se demander qui est « celui-là […] pareil au scorpion » sinon le fort encerclé par le ressentiment des faibles. Ce fort-là, qui veut assumer son destin et qui ne demande rien à personne, verrait-il alors son destin même se retourner contre lui et l'acculer au suicide ?

Le texte semble le suggérer… à moins que le venin du scorpion ne soit l'antidote au feu dévorant qui rende son porteur ignifuge.

> ** Il n'y a qu'un seul monde et il est faux, cruel, contradictoire, séduisant et dépourvu de sens. Un monde ainsi constitué est le monde réel. Nous avons besoin de mensonges pour conquérir cette réalité, cette "vérité". **

Fragments posthumes

Rejet radical de tous les arrière-mondes de tous les « autres mondes ». Le réel est un et il est ici et maintenant. Il n'est rien d'autre que lui. Et sa réalité n'est pas apollinienne : lisse, idéale, jolie, unie… Le réel est un monde dionysiaque que Nietzsche gratifie de qualificatifs divers. Lorsqu'il écrit ces lignes, Nietzsche n'a pas encore reçu la révélation du Surhumain comme sens de la flèche du temps. Il est encore sous influence schopenhauerienne, considérant l'absurde comme fondement du monde et comme ferment du pessimisme absolu.

Le réel n'est pas idéal. Le réel n'est pas l'idéal. Et c'est tant mieux. Dans un monde idéal, il n'y aurait plus d'effort à faire, il n'y aurait plus rien de difficile qui vaille la peine d'être vécu. Plus rien n'aurait de valeur. L'ennui seul règnerait en maître ; plus rien à penser, plus rien à créer, plus rien à inventer.

Mais cette réalité qui est, n'est pas facilement accessible. Il faut la conquérir. Et d'abord, il faut *vouloir* la conquérir. Il faut pour cela des mensonges idéalistes pour pouvoir s'y adosser jusqu'à ce qu'ils rompent. Pour conquérir une vérité, l'homme a besoin de vivre en mensonge !

Deuxième partie

Art (de vivre)

*« **Nous avons la ressource de l'art de peur que la vérité ne nous fasse périr.** »*

La Naissance de la tragédie

On s'en souvient, dans la première période de sa vie intellectuelle, Nietzsche croyait voir, dans l'Art[1], le messie apte à libérer les hommes des illusions chrétiennes et modernes. C'était sa période wagnérienne.

Ici, il oppose Art et Vérité. L'Art ne serait-il donc qu'une fuite dans l'imaginaire et l'illusion face à l'âpreté du réel et de sa vérité ?

C'est ce que semble signifier l'extrait. Mais rappelons-nous aussi que Nietzsche faisait une distinction majeure entre les Arts apolliniens (les arts plastiques essentiellement, mais pas seulement) qui recherchent à exalter la beauté des choses et des idées, et les Arts dionysiaques (poésie, tragédie et musique) qui, lorsqu'ils ne sont pas corrompus par la veine apollinienne, cherchent à exalter la puissance et la fécondité exubérante de la Vie, et non sa beauté.

C'est bien sûr aux Arts apolliniens que Nietzsche s'adresse ici : arts de l'illusion et de l'idéal, arts de la beauté et de la joliesse, arts qui sont fuite loin du réel et exil dans un imaginaire lisse et bien léché.

Ingres ou Watteau face à Van Gogh ou Gauguin, en somme. Ou Lully face à Bach. Ou le Mozart du *Caravansérail* face au Mozart du *Requiem*. Ou Vivaldi face à Beethoven.

Molière face à Sophocle. Ou Chénier face à Rimbaud ou Hugo.

Art (de vivre)

---

1. Lorsque j'affuble le mot « art » d'une majuscule, c'est pour indiquer qu'il faut prendre ce mot dans le sens nietzschéen, donc dans le sens dionysiaque (en opposition avec les sens apolliniens de l'art, plus classiques).

*« **La mission suprême de l'art consiste à libérer nos regards des terreurs obsédantes de la nuit, à nous guérir des douleurs convulsives que nous causent nos actes volontaires.** »*

La Naissance de la tragédie

Cette citation fait pendant à la précédente qui parlait d'Art apollinien alors que celle-ci concerne l'Art dionysiaque.

L'homme est un animal peureux. La peur est parmi ses déterminants perpétuels les plus puissants. Nous vivons dans l'angoisse. Nous sommes constamment pourchassés par nos craintes de manquer ou de perdre, par celles de mourir et de souffrir.

L'Art est certes un antidote contre ces anxiétés natives, soit dans la fuite éthérée vers les mondes imaginaires de l'idéal et du joli, soit par la puissance de la Vie elle-même qui revigore et revivifie tout ce qui flanche.

Fuir ou assumer. Voilà tout le dilemme. Mais s'enfoncer la tête dans le sable n'est jamais une solution.

Il faut « libérer nos regards des terreurs obsédantes », écrit Nietzsche, car nos peurs sont bien nos prisons et nos esclavages les plus terribles.

Libérer nos regards consiste à regarder et à voir autrement... et à constater, entre autres, que nos peurs n'ont d'autre origine que notre propre imagination !

Une œuvre d'art n'est lisible que par approfondissements successifs.

La Naissance de la tragédie

Dans *Ecce homo*, Nietzsche exprime explicitement que son chef-d'œuvre *Ainsi parla Zarathoustra*, mais aussi ses autres œuvres, doivent être lues et relues, mâchées et ruminées, régurgitées parfois, pour être ruminées à nouveau. On pense à cette phrase de Francis Bacon : « Il y a des livres dont il faut seulement goûter, d'autres qu'il faut dévorer, d'autres enfin, mais en petit nombre, qu'il faut, pour ainsi dire, mâcher et digérer. »

Les livres de Nietzsche – et en particulier la trilogie du *Gai Savoir*, du *Zarathoustra* et du *Crépuscule des Idoles* – sont de ceux-là.

Une œuvre n'est d'Art que si elle est à tiroirs, que si chaque regard, chaque lecture, chaque audition en révèle une facette neuve jusqu'alors incomprise ou inaperçue. Une œuvre d'Art authentique est intarissable. Et il en est bien peu qui le soient.

Je me laisse à penser que l'on pourrait dire la même chose de ces textes que l'on dit saints : n'est sacré que le livre intarissable, comme la Bible ou les Upanishad, comme le *Tao Te King* ou l'*Iliade* et l'*Odyssée*, comme les fragments d'Héraclite ou... *Ainsi parla Zarathoustra*.

Art (de vivre)

> *Vivre de telle sorte qu'il te faille désirer revivre, c'est là ton devoir.*

Le Gai Savoir

Conséquence ultime de la révélation de l'« Éternel Retour » (au même et du même). Mener chaque instant à sa plénitude, n'y rien laisser de latent. Vivre intensément même le banal du quotidien. En extraire, jusqu'à la lie, toute la « substantifique moelle ».

L'idée est puissante, rude, impitoyable. Nul gaspillage de vie n'est permis. Ni remords, ni regrets.

Il est étonnant de lire le mot, très kantien, de « devoir » sous la plume d'un immoraliste. Nietzsche n'est pas à un paradoxe près. Mais on comprend le tour de phrase : « devoir » signifie ici non pas un devoir d'obéissance vis-à-vis de quelque loi ou code ou décret édictés par quelque dieu ou pouvoir, mais bien le devoir d'honneur vis-à-vis de soi et de soi seul.

Chaque homme se doit à lui-même, et à nul autre, de réussir sa vie.

Réussir sa vie ? Mais par rapport à quelle réussite ? Réussir sa vie, c'est simplement, mais si difficilement, s'accomplir soi-même en plénitude et devenir pleinement ce que l'on est déjà, mais en latence.

Tant que la vie est ascendante, bonheur et instinct sont identiques.

Le Gai Savoir

Qu'est-ce qu'une « vie ascendante » ? Tout simplement une existence dont la trajectoire va du moins accompli au plus accompli, une vie accomplissante, une vie qui obéit à la loi universelle de la Volonté de Puissance.

Et, nous dit Nietzsche, sur une telle trajectoire, instinct et bonheur sont synonymes.

Méfions-nous des mots. Sous la plume de Nietzsche, l'instinct est bien plus que le rudimentaire élan de survie et de reproduction qui guide la vie animale. Il y a cela, bien sûr, mais il y a surtout cet instinct noble et subtil que Schopenhauer avait introduit sous le nom d'intuition. L'intuition… Cette force intérieure incernable qui sait qu'elle a raison, mais qui ne sait ni comment, ni pourquoi elle a raison.

Contre le rationalisme de son époque, Nietzsche brandit l'intuition. Résonner et non plus seulement raisonner. Le bonheur, la joie de vivre – je préfère cette dernière expression à celle de bonheur car si le plaisir se prend, et si le bonheur se reçoit, la joie, elle, se construit –, l'allégresse du quotidien, la jubilation de l'instant réel ne sont jamais affaire de raison ni de raisonnement. Cette joie ne vient guère d'une argumentation logique. Elle participe du ressenti, comme l'intuition.

> *Doué d'une vue plus subtile,
> tu verras toutes les choses
> mouvantes.*

Le Gai Savoir

Héraclite, te voilà ! *Panta rhéi* : « tout coule » ! Même la plus dure des roches de la plus haute des montagnes s'érode au moindre souffle d'air, aussi léger soit-il. Rien n'est statique. Tout bouge et se transforme et évolue et change. Tout le temps. L'Être est une fiction idéaliste ; le réel, lui, n'est que Devenir absolu, pur, total, radical.

Ce qui semble à l'arrêt ne l'est que par myopie temporelle. Que le mouvement soit trop lent ou trop rapide, trop fugace ou trop séculaire, et il échappera à notre regard humain. Nous ne percevons que des vitesses à notre échelle. Que celles-ci soient trop ou trop peu, elles échappent à notre regard, elles sortent de cette étroite fenêtre de perception que nos sens ou leurs prothèses technologiques nous ouvrent sur le réel.

Mais si l'on exerce son regard et si l'on résonne avec le réel tel qu'il est, alors, peu à peu, ce mouvement généralisé s'instillera dans notre conscience ; nous le ressentirons… par les tripes plus que par les yeux.

Je ne reprendrai pas ici la fameuse opposition entre Parménide, le métaphysicien de l'Être, et Héraclite, le métaphysicien du Devenir. Cela se passait au VIe siècle avant l'ère vulgaire. Mais ce débat est toujours (et plus que jamais) d'actualité…

Il faut deviner le peintre pour comprendre l'image.

Fragments posthumes

Tout ce que produit l'homme est représentation. Et l'image n'est pas la chose. Et la carte n'est pas le territoire. Nous vivons dans un univers de représentations. Schopenhauer, encore lui, l'avait parfaitement démontrer à la suite de la *Critique de la raison pure* d'Emmanuel Kant : ce que nous appelons « le monde » – notre monde, notre vision du monde – n'est que notre représentation du monde. Une représentation personnelle, partielle et partiale, incomplète et subjective.

Kant, encore lui, avait bien dessiné les contours d'une métaphysique du sujet (qui se représente l'objet extérieur) et de l'objet (qui est représenté par le sujet intérieur). Mais il était resté du côté du sujet, si l'on ose dire. Il en avait déduit que la connaissance réelle de l'objet tel qu'en lui-même (son « noumène ») est impossible. Fichte, Schelling et, surtout, Hegel, relèveront le gant de ce défi lancé. Et Nietzsche, goguenard, sourit ironiquement. Ce n'est pas tant la vérité de l'objet qui l'intéresse que la vérité du sujet qui se trahit, précisément, dans les caractéristiques de sa représentation de l'objet. Toute représentation du monde en dit plus long sur la réalité de son auteur que sur celle du monde.

Ainsi pour la philosophie de Nietzsche, d'ailleurs...

> ## *Ce qui me bouleverse, ce n'est pas que tu m'aies menti, c'est que désormais, je ne pourrai plus te croire.*

Correspondances

Cet aphorisme bien connu inverse la logique moralisante. On y parle de mensonge, mais l'on pourrait y inscrire tout autre forme de « dérapage » comportemental.

Que dit la morale : « mentir est mal ». Le mensonge est mauvais en soi, parce que tel est le décret du législateur, fût-il humain ou divin. Le mensonge est donc mal *a priori*, sans qu'il en soit donné une quelconque cause ou justification. Les décrets de la morale sont normatifs et dogmatiques. « Tu ne mentiras point », point !

Nietzsche, à son habitude, inverse le processus et condamne non tant le mensonge en lui-même que les conséquences à venir d'un mensonge. Le mensonge est un fait passé. Il a eu lieu. Il est ineffaçable. Pardonnable, peut-être, mais inoubliable. Et aucune repentance ou contrition n'y changera jamais plus rien. Par contre, ce mensonge n'est que le point de départ d'un processus qui, lui, est tout à fait dommageable : la perte de confiance, le soupçon perpétuel, la méfiance ou la défiance définitive.

Le problème du mensonge – ou des autres actes à portée morale – n'est donc pas dans son fait même – ce qui est fait restera fait, quoi qu'on y fasse –, mais dans ses conséquences.

Parmi toutes les variétés de l'intelligence découvertes jusqu'à présent, l'instinct est, de toutes, la plus intelligente.

Fragments posthumes

Intelligence… Le mot est bien plus riche que ne le laisse supposer son acception habituelle qui le restreint à une certaine habileté conceptuelle et logique. Pourtant son étymologie latine va bien plus loin : l'intelligence est ce qui lie *(ligare)* entre *(inter)*. En somme, l'intelligence, au sens le plus large et le plus profond, pointe la capacité de reliance, l'aptitude à relier ensemble deux ou plusieurs éléments qui, jusque-là, restaient séparés, disjoints, étrangers les uns aux autres. L'intelligence, au sens le plus riche et le plus profond, est l'art de la reliance : reliance des savoirs pour en faire émerger des connaissances, reliance des données pour en faire émerger des idées, reliance des actes pour en faire émerger des œuvres, reliance des hommes pour en faire émerger des communautés, reliance des intentions pour en faire émerger des projets, reliance des comportements pour en faire émerger de la valeur.

De tout cela, Nietzsche nous dit que « l'instinct » – c'est-à-dire « l'intuition » – est la forme d'intelligence la plus intelligente c'est-à-dire la plus efficiente en termes de reliance. Et c'est évident du simple fait que l'intuition n'a aucune des contraintes logiques ou conceptuelles qui restreignent l'exercice de la raison raisonnante.

Art (de vivre)

" *Les plus grands naissent posthumes.* "

Avec son sens corrosif de la formule, Nietzsche dit ici que les génies ne sont jamais reconnus de leur temps et que leur pensée ne « naît » vraiment qu'après leur mort, à titre posthume.

Le constat est certes navrant… mais vrai, ô combien. Mais pourquoi est-ce ainsi ? Tout simplement parce que les « plus grands », les génies de l'humanité ne sont géniaux qu'en pensant ou voyant ou inventant en dehors des limites du paradigme ambiant. Or, c'est une constante, les hommes « normaux » sont totalement prisonniers du paradigme où ils naissent, évoluent et pensent. Ils sont « à l'intérieur » de ce paradigme et sont totalement inaptes à entendre – et encore moins à comprendre – ce qui se pose en dehors de ce paradigme. Il suffit de constater, aujourd'hui, le peu de gens qui ont pleinement compris que nous vivons la fin du paradigme chrétien et du paradigme moderne – conformément à ce que Nietzsche avait présagé – et de voir avec quelle obstination suicidaire et vaine, l'immense majorité de nos contemporains tentent de perpétuer une logique politique, économique et sociale qui a atteint et dépassé, depuis longtemps, tous les murs de ses impasses.

Nietzsche était conscient, pour lui-même, qu'il naîtrait à titre posthume…

> ❝ *La terre a une peau et cette peau a des maladies ; une de ces maladies s'appelle l'homme.* ❞

Aurore

Vlan ! Il aurait dit, dans la même veine, que si la nature était la tignasse de la Terre, l'humanité en serait les poux.

L'homme est un animal nuisible, un prédateur nocif, un pilleur de trésors irremplaçables. Quelle étrange prescience... Tout le XXe siècle a entièrement donné raison à Nietzsche. L'homme a soumis la Nature et sa propre nature aux pillages et aux saccages les plus intensifs au nom de la liberté promise par la modernité. Aujourd'hui, la Terre a perdu 80 % de ses ressources naturelles non renouvelables et elle porte déjà plus de sept milliards d'humains alors qu'elle ne peut faire vivre décemment, à long terme qu'un milliard et demi d'entre eux. L'atteinte de la limite est imminente. Le système tient encore un peu à grands coups de pillages forcenés des dernières ressources. Après, tous les tiroirs seront vides et il ne restera plus rien. Et ce après, c'est dans une dizaine d'années au plus...

Pessimisme ? Non, réalisme. Malthusianisme ? Oui, mais, à la différence de Malthus, avec la claire conscience que la technologie aussi a atteint ses limites et qu'il n'y aura pas de miracle, fût-il technique.

> *Toute vertu a des privilèges, par exemple celui d'apporter au bûcher d'un condamné son petit fagot à soi.*

Aurore

Cynisme, donc ! Les vertueux, les bien-pensants, les politiquement corrects, au nom de leur vertu applaudie par la morale et la foule des benêts et des hypocrites, peuvent enfin, et c'est leur grande joie, jeter la première pierre. Ils sont la justice. Ils sont la vérité. Ils sont la pureté. Ils sont l'innocence. Leur fagot, ce n'est pas une jouissance morbide, non, non ! C'est un devoir sacré de contribution à ce que justice se fasse et à ce que le mal soit extirpé de ce monde peccamineux. Ils œuvrent pour le bien du supplicié sans même jamais se demander si ce n'est pas leur idéalisme qui est le plus grand et le plus mortel des péchés de la Terre.

Comment cela se pourrait-il puisqu'ils *sont* la vertu ?

On ne peut que penser, bien entendu, au supplice de Giordano Bruno, à la condamnation de Galilée, de Maître Eckart ou de Pierre Teilhard de Chardin. Mais aussi, plus près de nous, aux fatwas des salafistes islamistes et des wahhabites saoudiens.

La vérité des vertueux se doit d'être collective, universelle, uniforme. Déjà Paul de Tarse, dans son Épître aux Romains (I ; 5), proclamait ceci : « Jésus-Christ notre Seigneur. C'est par lui que nous avons reçu la grâce et l'apostolat pour amener, en son nom, à l'obéissance, à la foi toutes les nations. »

> ❝ **L'injustice ne se trouve jamais dans les droits inégaux, elle se trouve dans la prétention à des droits égaux.** ❞

Aurore

La position est claire : l'égalitarisme est injuste.

Non ! Les terres ne se valent pas. Les cultures ne se valent pas. Les civilisations ne se valent pas. Les opinions ne se valent pas. Les morales ne se valent pas. Les œuvres ne se valent pas. Bref, les hommes ne se valent pas. Rien dans l'univers n'est égal à quoi que ce soit. Ni en droit, ni en fait. Chaque chose, chaque être est unique. Peut-être un peu semblable à d'autres, mais jamais égal à quoi que ce soit et toujours radicalement différent.

Même en mathématique, l'égalité n'est qu'une idéalisation artificielle.

L'égalité des hommes devant Dieu fut une invention évangélique – très théorique, d'ailleurs et jamais mise en pratique – et la modernité surenchérit, à son habitude en proclamant les hommes égaux devant la loi – proclamation toujours aussi théorique, d'ailleurs : les procès sont gagnés par les avocats les meilleurs, donc les plus chers.

Tous les régimes qui ont fait l'expérience de cet égalitarisme (URSS, Chine maoïste, Khmers rouges, etc.) ont sombré dans la dictature et la violence, dans les privilèges féodaux de leur *nomenklatura*, dans les goulags et camps de rééducation ou d'extermination. Dont acte !

> ## *Ne vaut-il pas mieux tomber entre les mains d'un meurtrier que dans les rêves d'une femme en rut ?*

Correspondances

La mort plutôt que l'esclavage : voilà le message. La « femme en rut » est un symbole : celui de la chosification de l'autre au service d'un ogre insatiable. L'image, pour misogyne qu'elle soit peut-être (nous avons vu, plus haut, ce qu'il faut en penser), est terrifiante tant elle met à mal le mythe du mâle dominateur. Elle est néanmoins extrêmement parlante pour qualifier notre époque où l'hyperconsommation suicidaire est bien à l'image de cette « femme en rut » qui réifie tous les consommateurs abrutis que nous sommes.

La « femme en rut » représente au fond tous les idéaux qui réduisent l'homme à n'être plus qu'un objet servant. Elle est l'État qui réduit l'homme aux rôles de citoyen et de contribuable. Elle est le Travail qui le réduit à celui de machine plus ou moins intelligente, mais toujours docile. Elle est la Famille qui le réduit à celui d'époux, de père, de gagne-pain.

Nietzsche aurait aimé, j'en suis sûr, ce mot de Claude Lelouch : « Un homme vraiment libre n'a ni travail, ni famille, ni patrie. » Ce fut bien le cas de Nietzsche entre ses 24 et ses 45 ans !

La perspective certaine de la mort pourrait mêler à la vie une goutte délicieuse et parfumée d'insouciance – mais, âmes bizarres d'apothicaires, vous avez fait de cette goutte un poison infect, qui rend répugnante la vie tout entière !

Aurore

Du rapport de l'homme à la mort. Nietzsche relève un paradoxe qui a la peau dure : alors que c'est précisément la mort qui donne sa valeur à la vie, l'homme la craint au point de s'en empoisonner la vie.

L'immortalité serait bien la pire des punitions à infliger à quiconque car, alors, quel âpre goût aurait cette existence où tout est possible, où rien n'est plus risqué, où l'on épuisera vite tous les possibles pour, ensuite, sombrer dans un infernal ennui éternel ?

Répétons-le, c'est sa finitude qui donne valeur à la vie. Et cette finitude, c'est le cadeau de la mort.

Bien sûr, il y a des morts injustes, tristes, lorsqu'une jeunesse est fauchée avant d'avoir commencé à se déployer. Bien sûr, toutes les morts ne se valent pas. Bien sûr, une mort « rassasiée de jours » comme dit la Bible, et une mort en souffrance, ne s'équivalent guère. Mais le principe demeure : la mort est une bénédiction lorsqu'elle vient à temps, en douceur.

> ## *Il faut quitter la vie comme Ulysse quitta Nausicaa – en la bénissant plus qu'en l'aimant.*

Ecce Homo

Ni remords, ni regrets. Ce qui est fait, est fait. Ce qui est passé, est passé. Il ne faut jamais aimer sa vie passée – ni la détester, d'ailleurs. Il ne peut être là question de sentiment. Nietzsche propose non de l'aimer, mais de la bénir, c'est-à-dire d'en dire du bien (*bene dicere* qui donne « bénédiction »).

L'allusion à Ulysse n'est évidemment pas gratuite puisque l'existence est un voyage, une errance, un vagabondage sur une mer inconnue parsemée de quelques « îles bienheureuses » (cette image apparaît dans le *Zarathoustra* où il est dit que le Surhumain viendra un jour de ces îles mystérieuses). La vie est une odyssée et il faut relire Homère en ayant cette idée en tête que toute odyssée est une métaphore du seul voyage initiatique qui nous soit donné de faire : notre propre expérience de vie.

Quant à la belle princesse Nausicaa, lorsqu'Ulysse la quitte pour reprendre son périple, ne dit-elle pas (chant VIII, 459-62) : « *Bon voyage, notre hôte ! au pays de tes pères, quand tu seras rentré, garde mon souvenir ! car c'est à moi d'abord que devrait revenir le prix de ton salut* ». C'est ainsi qu'il faudrait apprendre à quitter la vie...

*« **L'homme véritable veut deux choses : le danger et le jeu. C'est pourquoi il veut la femme, le jouet le plus dangereux.** »*

Ecce Homo

De quoi faire hurler le ban et l'arrière-ban des féministes. Mais, comme toujours, un second degré nous attend au tournant : il est dangereux de prendre la femme pour un jouet parce qu'elle ne l'est pas et qu'elle sait se venger cruellement des outrages de la bêtise mâle. Si l'homme use de sa force, la femme usera de sa ruse. Et que peut la force imbécile contre l'intelligence astucieuse ?

Mais le cœur du propos n'est pas là. L'homme véritable – il y a ici une ironie profonde : l'homme véritable, le matamore, le fier-à-bras, le mâle triomphant, le héros de pacotille – désire plus que tout le danger et le jeu. Bref : l'adrénaline. Il aime se faire peur. Il aime braver la mort (physique ou économique) parce qu'il aime à se croire invincible. L'homme a la nostalgie des dieux immortels. Le danger physique et le jeu mental : deux façons de se faire croire que l'on est au-dessus des lois du cosmos et de la vie, deux façons puériles d'exorciser la mort et le néant.

La femme – celle de l'imaginaire du mâle idiot et non celle de la réalité – donne la vie et est l'antidote de la mort : c'est elle qui, en donnant la vie, exorcise la mort. Et le mâle imbécile espère qu'en la chosifiant, il captera ses pouvoirs. Illusion...

> *L'art et rien que l'art, nous avons l'art pour ne point mourir de la vérité.*

La Naissance de la tragédie

La vérité qui tue face à l'Art qui sauve.

L'idée a déjà été commentée plus haut, mais revenons-y, par un autre biais.

L'Art dionysiaque est triple qui exalte la Puissance – les autres arts sont apolliniens et cherchent la beauté –, et prend trois formes : la tragédie, la poésie et la musique.

La tragédie guette la rencontre de l'homme et du destin – son destin propre, celui de l'humanité et du monde – ; elle traque l'histoire, la logique, le Logos de monde. La poésie épie la rencontre de l'homme et du réel ; elle contemple la nature de la Nature. La musique, elle, vise la rencontre de l'homme et de l'indicible ; elle cherche le Divin, l'Esprit.

Les Arts dionysiaques sont mystiques, métaphysiques, extatiques, alors que les arts apolliniens ne sont que plastiques, spectaculaires, édifiants.

Au contraire de la « vérité » qui est un concept philosophique rationnel, l'Art est, au fond, la manifestation la plus flagrante de l'intuition humaine, de cette faculté magique qui permet d'entrer en résonance avec le réel. La vérité vient du raisonner, l'Art vient du résonner. Et l'intuition, si elle est bien menée, va bien plus profond que la raison.

" *La foule est une somme d'erreurs qu'il faut corriger.* "

Aurore

Nietzsche a un profond mépris – mais qui ne l'aurait pas ? – pour la foule, le troupeau, la plèbe, le vulgaire. Son aristocratisme n'est pas qu'un effet théâtral car il touche, avec lucidité, une réalité profonde : la médiocrité du grand nombre, le nivellement par le bas dû à l'effet de meute, la pitoyable bassesse de la psychologie des foules (cf. Gustave Lebon).

Mais, dit Nietzsche, cette indigence de la foule n'est que le résultat de la somme des erreurs individuelles. Il reste donc optimiste : en corrigeant, par l'éducation, les défauts des individus, il serait loisible de hisser les foules à un niveau plus élevé d'humanité. Mais est-ce si sûr ? N'est-ce pas là encore un excès d'humanisme confiant ? Le XIXe siècle croyait encore en la bonté de l'homme, il n'avait pas connu les horreurs génocidaires des dictatures du socialisme nationaliste et du socialisme communiste. Ce sont les foules, éduquées, policées, de l'Allemagne qui ont mis, démocratiquement, Hitler au pouvoir, en parfaite connaissance de cause (*Mein Kampf* a été édité et diffusé – avec peu de succès – dès 1926, mais gagne en notoriété après 1930 c'est-à-dire après la panique liée au krash boursier de 1929).

Le christianisme a donné du poison à boire à Eros. Il n'en est pas mort, mais il a dégénéré en vice.

La Généalogie de la morale

La phrase est remarquable, ciselée, fine. Résumons : le christianisme est l'antithèse de la vie dionysiaque, il est la religion de la mort et de la béatitude dans l'après-mort, il est une théophanie et une théodicée par la souffrance et le sacrifice. Le Dieu chrétien est le dieu de la mort... et Il est mort ! Face au christianisme et à son culte de l'après-mort, il y a la vie, ici et maintenant : l'Eros (au sens freudien d'élan vital, de force de vie, de Volonté de Puissance). Mais le christianisme n'a pas voulu tuer Eros – car sinon, comment pouvoir compter sur des générations futures de petits chrétiens ? –, mais il lui a inoculé un poison terrible qui d'un dieu joyeux d'amour et de plaisir, en a fait un dieu triste de honte et de péché.

Nietzsche met là le doigt sur un des immenses dévoiements induits par le christianisme (et plus encore dans l'islam où les tabous sexuels – et l'accaparement morbide et obsessionnel de la femme qui s'en suit – induisent une délinquance sexuelle déplorable).

En somme, le christianisme a capturé l'Eros pour en faire un esclave haï de la mort, lui le dieu de vie par excellence.

*« **Si tu plonges longtemps
ton regard dans l'abîme,
l'abîme te regarde aussi.** »*

Ainsi parla Zarathoustra

Cette citation est extraite d'une phrase qui commence en disant que celui qui combat les monstres doit se garder de devenir monstre à son tour. Le monstre et l'abîme fascinent. Ils hypnotisent. Et c'est là leur grande force. Ils attirent à eux. Le syndrome de Stockholm (ces otages prenant la défense de leurs ravisseurs) en est une autre illustration.

Il faut, pour le comprendre, revenir à ce que Nietzsche lui-même déclare être le moteur de l'humain : la peur. N'est-ce pas une manière efficace, même si elle est singulière, d'exorciser la peur que de s'assimiler à ce qui fait peur ? Puisque l'on ne se fait, en général, pas peur à soi, devenons ce qui nous fait peur, et le tour est joué.

Remarquable ruse. Pernicieuse ruse. Car devenant autre, on y perd son destin propre et le sens et la valeur et la justification de sa propre vie.

Le mimétisme, si bien décrit par René Girard, n'est-il pas une perte de soi, une renonciation à soi, un abandon de soi ? Or, qu'y a-t-il de plus précieux que soi, que cette idiosyncrasie qui nous habite et qui porte en nous ce que nous sommes capables de devenir ? Y renoncer par peur, n'est-ce pas trahir ce qui est l'essentiel ?

Art (de vivre)

" *Qui trop combat le dragon devient dragon lui-même.* "

Ainsi parla Zarathoustra

Le dragon est un symbole. En Occident chrétien, il est un symbole diabolique : saint Michel, l'Archange, ne le terrassa-t-il pas d'un coup de lance ? En Extrême-Orient, le dragon, tout au contraire, est symbole de vie, il est la Vie cosmique, il est le Tao incarné. Il en était de même pour les traditions préchrétiennes en Occident : la vouivre, dragon chtonien, était porteuse, sous terre, des énergies telluriques bénéfiques de la vie.

Le propos de Nietzsche, on l'a compris, rejoint l'idée de la citation précédente. Mais il y apporte une connotation métaphysique importante : le dragon est imaginaire ! À combattre l'imaginaire – au nom du réel, sans doute –, on sombre dans l'imaginaire. À combattre l'idéologie et l'idéalisme, on sombre dans l'idéologie et l'idéalisme.

Cela pose la question de toutes les formes de militance : à combattre quoique ce soit, ne devient-on pas semblable à ce que l'on combat ? N'est-ce pas le procès de toute militance, de toute lutte, de toute révolte que l'on instruit là ? Le socialisme, notamment nationaliste ou communiste, voulait – veut toujours – combattre le capitalisme avec, comme conséquence patente, le remplacement, partout, de la violence et de la dictature de l'argent, par la violence et la dictature de l'État.

> *« Beaucoup trop d'hommes viennent au monde : l'État a été inventé pour ceux qui sont superflus. »*

Ainsi parla Zarathoustra

Il y a, dans ce propos, deux idées qui sont bien politiquement incorrectes, mais qui interpellent, de plein fouet, notre époque.

La première est démographique : l'humanitarisme, en promouvant la vie humaine sur les sommets de la préciosité et de la dignité, associé à la technologie qui s'est attaqué à toutes les formes de mortalité, a permis, dès la fin du XIXe siècle, une accélération fulgurante de la démographie[1]. Aujourd'hui, déjà, la Terre porte 5,7 milliards d'humains qu'elle est incapable de supporter dans la durée. Nous en avons déjà parlé.

La seconde idée est politique et attaque de front ces assistanats institutionnalisés qui ont été instaurés dans nos social-démocraties européennes. Nietzsche ne pose nullement l'égoïsme primaire en vertu cardinale. Il ne rejette pas la solidarité, pourvu qu'elle soit élective et sélective, choisie et personnelle. Mais il récuse les solidarités anonymes et bureaucratisées instituées et confisquées par l'État, « ce plus froid de tous les monstres ».

Nietzsche nous dit que l'État est confisqué – par le suffrage universel – par la masse de ceux dont la contribution au destin profond de l'homme n'est pas seulement nulle, mais négative.

---

1. En 1800, il y avait 1 milliard d'humains sur Terre ; 1,7 milliards en 1900, 6 milliards en 2000. On prévoit 7,3 milliards en 2013 et entre 9 et 10 milliards hon 2050.

Fais ce que je dois !

Ainsi parla Zarathoustra

Attention à la subtile nuance… Rabelais, comme seule et unique règle de son abbaye de Thélème, avait édicté, dit-on, un : « Fais ce que dois, advienne que pourra. »

Nietzsche, admirateur de Rabelais, reprend la sentence, mais la détourne. Lisons bien : « Fais (TU dois faire) ce que JE dois. »

Connaissant Nietzsche, il ne s'agit évidemment pas de reporter sur quelqu'un d'autre, ce qu'il y aurait à faire par soi. Nietzsche n'est ni un lâche, ni un profiteur, ni un exploiteur (il a d'ailleurs écrit des lignes terribles contre les capitalistes de son époque, parallèles à ses diatribes contre les socialistes). Alors, que signifie ce « Fais ce que je dois » ?

On le sait, Nietzsche est l'anti-Kant. Il ne croit pas au devoir. Il n'y a aucun devoir, aucun impératif catégorique – hors celui d'obéir à la Volonté de Puissance et de faire advenir le Surhumain. Ce que Nietzsche nous dit, tient en ceci : « Si TU dis que JE dois (devoir) faire quelque chose, fais-le toi-même ! Fais toi-même ce que TU dis que je dois faire. Moi, je n'ai aucun devoir, je suis libre ! »

À la notion – très chrétienne – de « devoir », Nietzsche oppose la notion de « volonté ». Au « fais ce que dois », il rétorque un tonitruant : « fais ce que veux ». Mais ce n'est pas le caprice qui doit vouloir, mais l'instinct, le destin, l'idiosyncrasie.

*" **Nombreux sont opiniâtres en ce qui touche la voie une fois prise, peu en ce qui touche le but.** "*

Le Gai Savoir

Finalité versus modalité. C'est une grave maladie de la modernité d'avoir occulté le « pourquoi » (cause initiale) et le « pour quoi » (cause finale) au profit du seul « comment ». Galilée, pour pratiquer sa science en paix, avait, le premier, plaidé pour une science uniquement préoccupée du « comment » des phénomènes laissant à l'Église le soin de statuer sur le « pourquoi » et le « pour quoi » du noumène. Toute la modernité en a pâti. Maintenant encore, le débat politique porte plus sur la démocratie (une des modalités du pouvoir) que sur le projet collectif des Nations (la finalité du politique). De même, depuis des décennies, les écoles de management planchent avec force subtilité (uniquement quantitative et financière, malheureusement) sur les modalités de l'entreprise, mais omettent copieusement la problématique de la finalité de l'économie en général et de chaque entreprise en particulier.

On parle, avec force et vigueur, des modalités du mariage, de la famille, du travail, des loisirs, de l'emploi, des contrats, des aides et subventions, etc. mais on oublie d'en définir les finalités. Or, c'est une évidence, la modalité n'a de valeur que par rapport à la finalité. Lorsque celle-ci n'est pas définie, la byzantine et vaine discussion sur les modalités devient un fond de commerce oiseux. Les politiques et les « experts » y pataugent avec joie.

" *Le royaume des cieux est un état du cœur.* "

Le Gai Savoir

Transcendance et immanence. Au-dessus de soi ou en soi ? La question est posée ici pour le « royaume » c'est-à-dire pour la félicité et la joie, mais elle pourrait l'être pour Dieu, pour la loi morale et éthique, pour le destin, pour la clé de la sagesse, et pour tant d'autres points clés de la philosophie et de la vie.

L'essentiel vient-il du dehors, du dessus ? Ou naît-il du dedans, du dessous ? Le bonheur, la joie, la vérité, le destin, le salut, la force, la santé, la jubilation, etc. se reçoivent-ils ou se construisent-ils ? Ou, à rebours, la tristesse, la souffrance, le mensonge, la chance, la misère, la faiblesse, la débilité, l'apathie, etc. se subissent-ils ou s'acceptent-ils ?

On aura compris que la posture de Nietzsche, face à ces questions, est claire et sans équivoque. Elle est la posture des forts. Elle s'oppose à celle des faibles et du christianisme.

Pour Nietzsche, le Bien se veut et le Mal se refuse. Pour le faible, le Bien est reçu (de Dieu ou de l'État, ou des autres) et le Mal est subi (par le fait du Diable, ou des forts que l'on envie, ou des autres faibles, déjà trop forts). Et puisqu'il se place « par-delà Bien et Mal », c'est de la Vie dont Nietzsche nous parle, de cette Vie qui se veut et se construit chez les forts, de cette Vie qui est subie et reçue chez les faibles.

Une heure d'ascension dans les montagnes, fait d'un gredin et d'un saint deux créatures à peu près semblables. La fatigue est le plus court chemin vers l'égalité, vers la fraternité. Et durant le sommeil s'ajoute la liberté.

Ecce Homo

L'égalité est la philosophie des « fatigués ». Elle est un abandon par épuisement. Alors, la liberté est condamnée à n'être plus qu'un rêve de fatigués qui dorment, car égalité et liberté sont inconciliables, antinomiques, antagoniques. En effet, parce que contre-nature, l'égalitarisme implique nécessairement la coercition et la violence. Il n'y a d'égalité que par la matraque. Il y aura toujours des plus forts et des plus faibles. En tout train, il y a la locomotive qui tire et les wagons qui suivent et freinent et ralentissent. Un train sans locomotive ne va nulle part.

Mais quelle est donc cette fatigue qui nous ferait abandonner notre liberté au profit d'un fantasme ? La fatigue de la promiscuité, de l'usure des autres, de l'érosion de soi dans le frottis des foules.

Ailleurs, Nietzsche accuse la ville d'être un puissant ferment de fatigue de soi. La promiscuité y est omniprésente, et l'érosion de soi y est permanente. D'ailleurs, le christianisme, jusque tard dans le Moyen Âge, resta un phénomène purement urbain : le fait que le non-chrétien soit appelé un « païen » c'est-à-dire « paysan », ne doit rien au hasard.

*« **Si nous nous trouvons tellement à l'aise dans la pleine nature, c'est qu'elle n'a pas d'opinion sur nous.** »*

Fragments posthumes

Ici aussi, Nietzsche oppose campagne et ville, le naturel et l'artificiel. Il conspue l'opinion. Il conchie le regard de l'autre, omniprésent en ville, et largement absent à la campagne. Comment vivre libre lorsque l'on est constamment épié, jaugé, jugé ?

Un arbre ne parle pas. Un oiseau chante ou coasse, mais il ne dit rien. Un chien montre sa joie ou sa rancœur, mais il se tait.

Le silence des autres est un trésor précieux. Qu'ils gardent donc leurs avis, leurs commentaires (Nietzsche me dirait peut-être cela, à moi qui écris ce commentaire sur sa pensée…), leurs conseils, leurs critiques. La mode est aux débats : il faut « partager » des opinions et des avis, des modes de vie. La mode est au « forum » dont la stérilité, la puérilité et l'imbécillité ne sont plus à démontrer. Non ! Tout débat est stérile et tout partage est un leurre. Il n'y a rien à partager. Il y a tout à apprendre. La vie ne se partage pas, elle se vit. La vérité ou la joie ne se disent pas, elles se vivent. Une randonnée en forêt ne se décrit pas – même avec des photos sur « Fesse-Bouc » –, elle « se » marche, par soi, pour soi, en soi.

*" **Une âme délicate est gênée de savoir qu'on lui doit des remerciements, une âme grossière, de savoir qu'elle en doit.** "*

Correspondances

Ah, ce ressort inouï de la reconnaissance. Celle que l'on espère ou craint de recevoir, celle que l'on répugne à donner.

Dire « merci » est difficile aux « âmes grossières » car ce petit mot trahit une dépendance et irrite l'orgueil. Orgueil et reconnaissance sont les deux faces de la même médaille. La reconnaissance que l'on mérite et dont notre orgueil attend l'expression. La reconnaissance que l'on devrait mais que notre orgueil répugne à offrir. Et pourtant...

Recevoir une reconnaissance justifiée ne peut faire de mal à personne, mais ne pas la recevoir n'a aucune importance car ce que l'on fait n'est fait que pour la beauté et l'élégance du geste et non pour son destinataire. Et à l'inverse, quelle importance de reconnaître une interdépendance en offrant reconnaissance : il s'agit simplement d'un exercice de lucidité du plus simple niveau. Dans ce monde, dans notre univers, tout est en interdépendance avec tout. C'est mauvais orgueil que de le nier. Et, de plus, savoir dire « merci » est preuve de force et non de faiblesse car, en tout, c'est l'orgueil qui est preuve de faiblesse, de fragilité de soi.

> ## *Qui voit peu, voit toujours trop peu ; qui entend mal, entend toujours quelque chose de trop.*

Le Gai Savoir

Oracle sibyllin ? Pas tant que cela. Il faut voir clair et entendre fort. Soit. La lucidité et la vérité sont à ce prix. Soit. Nietzsche pointe cependant une différence notoire entre vue et ouïe, entre regard et parole. Trop peu de regard nuit autant que trop de paroles.

Il vaut mieux trop voir que ne pas voir assez. Il vaut mieux ne pas entendre que d'entendre trop peu.

Mais je pense que Nietzsche pointe tout autre chose qu'une parodie de la parabole des trois singes. Il nous dit que le regard est plus fiable que la parole, que le vécu est bien plus puissant que l'ouï-dire (qui est une catégorie de la connaissance chez Spinoza).

Il nous dit, au fond, que le réel se vit (se voit) intensément et ne se dit que maladroitement.

Les mots sont impuissants. Ils sont traîtres. Le réel contient infiniment plus que ce que tous les mots peuvent en dire. Et les yeux savent parfois percevoir ce que les mots ne soupçonnent même pas.

Ce disant, Nietzsche pointe encore un plus vaste problème : puisque la raison est le langage de l'esprit et que l'intuition est le regard de l'âme, Nietzsche nous dit que l'intuition bien exercée est autrement plus sagace et fiable que l'infirme raison, prisonnière de ses carcans logiques.

*« **Le théâtre, ce n'est jamais qu'une manifestation au-dessous de l'art, quelque chose qui s'adapte au goût des masses, lorsqu'on le fausse pour elles.** »*

La Naissance de la tragédie

Nietzsche, l'homme du tragique (du moins dans la première période de son parcours philosophique), l'amoureux de la tragédie grecque, conchie le théâtre comme spectacle (et non comme Art). Car c'est le spectacle et ce que, bien plus tard (en 1967), Guy Debord a appelé la « société du spectacle », que vise Nietzsche. Ce spectacle qui relève du *Panem et circenses*, qui divertit (dans le sens habituel et le sens étymologique) les masses, qui amuse ou aboie ou fait peur, mais qui surtout ne fait pas réfléchir. Il n'y a aucune différence entre le théâtre populaire et le cirque.

La culture de masse est une non-culture, une inculture. Ouvrez n'importe quel journal à la rubrique « culture », on vous y parlera de télévision, de mode, de chansons, de cinéma, de romans de gare, de bandes dessinées (ou pire : de mangas), mais jamais ou presque de culture, de philosophie, de mathématique, de sciences, de musique (classique), de poésie, de mystique, de religion.

Cette confusion claire et patente entre culture et divertissement, entre ce domaine élitaire par excellence qu'est la vraie culture et les spectacles populaires de masse est symptomatique des ères de décadences, et des fins de paradigme.

> *Je fais cas d'un philosophe dans la mesure où il est capable de fournir un exemple.*

Le Gai Savoir

Nietzsche renoue avec l'idée du philosophe antique, du philosophe grec qui ne disait pas sa vérité, mais qui la vivait au quotidien. C'est cette image d'un Diogène de Sinope qui brise son écuelle en terre cuite en voyant un enfant boire à la fontaine à même ses mains. Pierre Hadot a parfaitement décrit cela dans *Qu'est-ce que la philosophie antique ?*.

Ici, Nietzsche se souvient de son maître de jeunesse, Arthur Schopenhauer, et de la différence immense qu'il faisait entre le philosophe et le professeur de philosophie, entre celui qui philosophe sa vie et celui qui parle de philosophie.

Ce personnage du professeur de philosophie a été créé par Emmanuel Kant qui, toute sa vie, ne vécut pas, resta enfermé dans un cabinet de travail, avec des horaires méticuleux, tout entier consacré à l'écriture de son œuvre, à ses leçons. Depuis Kant, ce personnage a fait florès : de Fichte à Deleuze ou Sartre. Il y a derrière ce personnage, comme un refus du monde réel qu'il ne connaît pas parce qu'il ne veut pas le connaître : il vit dans un monde virtuel, irréel, celui des idées.

Maintenant, en plus des professeurs de philosophie, la philosophie a aussi ses saltimbanques, des Onfray, Ferry, Enthoven, Debré ou même, parfois, mon copain Comte-Sponville qui transforment la philosophie en spectacle dont ils sont l'unique vedette.

Le poison dont meurt une nature plus faible, est un fortifiant pour le fort.

Fragments posthumes

Encore une provocation pur jus signée Nietzsche. Il faut encore y voir le second degré… Rappelons que, pour Nietzsche, le « faible » est celui, si riche ou puissant soit-il, qui est inapte à assumer son destin propre et qui ne vit que dans le regard des autres à la recherche de reconnaissance ou de gloire ou de pouvoir. Le « fort », tout au contraire, se fiche éperdument du regard des autres (ce qui ne signifie nullement qu'il n'a pas d'égard pour ces mêmes autres) et il construit sa vie, seul, autonome, pour accomplir son destin, pour réaliser son œuvre, dans le culte de l'*Amor Fati*.

Ces poisons qui tuent les faibles et qui fortifient les forts, que sont-ils ? Tout ce qui fait grandir l'homme, tout ce qui l'oblige à se dépasser, à se surpasser, tout ce qui exige plus de lui, plus d'effort, plus d'intelligence, plus de travail, plus de talent, plus de génie.

Ces poisons sont tous ces défis existentiels qui nourrissent les forts et abattent les faibles, tout ce qui pousse à descendre au plus profond de soi pour aller y puiser, *in extremis*, les forces cachées et secrètes qui participent du divin et de l'universel, au-delà de l'individuel.

Ce poison s'appelle « Volonté de Puissance ».

> ❝ *Ma seule ambition de poète est de recomposer, de ramener à l'unité, ce qui n'est que fragment, énigme, effroyable hasard.* ❞

Ecce Homo

Profession de foi moniste. Nietzsche fait peu de métaphysique. C'est l'homme, malgré le dégoût qu'il lui inspire souvent, qui l'intéresse. Nietzsche se dit volontiers « psychologue » avant que ce mot ne soit récupérer par la pseudoscience que l'on sait. On dirait, aujourd'hui, qu'il était, avant tout, « anthropologue ». Il aime étudier l'homme comme l'entomologiste jubile en observant un bousier caracoler sa boulette de fumier.

Mais ici, Nietzsche s'expose : il croit en l'unité foncière du tout, une unité cachée, secrète, difficile, mais prégnante, forte, révélatrice de la réalité du réel. Ce monisme radical s'oppose de toutes ses forces à tous les dualismes, à commencer par celui des idéalismes (qui considèrent deux mondes : celui-ci imparfait, vil, minable, et le monde des Idées, pur, immuable, idéal) et, en particulier, celui du christianisme (qui, lui aussi, dans la veine idéaliste, pose deux mondes de natures distinctes : le monde terrestre et le monde céleste).

Le monisme de Nietzsche est un dionysisme, un spinozisme, plus panthéiste (tout est Dieu) que panenthéiste (tout est *en* Dieu) de la même veine que ceux du védantisme, du bouddhisme, du zen et du taoïsme.

À remarquer, que Nietzsche pose implicitement que le seul langage apte à transcrire ce monisme aussi métaphysique que mystique, est la poésie... Nous y reviendrons.

Nietzsche est, peut-être avant tout, un poète. Et lorsqu'il dit ici « nous », c'est aux « hommes supérieurs », ses frères en Zarathoustra, ses frères en chemin vers le Surhumain, qu'il pense.

Il pose la poésie comme le seul langage adéquat pour aborder l'essentiel. Et cet essentiel, il le dit explicitement, c'est la « vie [...] avant tout dans les plus petites choses quotidiennes ». La vie vécue. La vie réelle.

Il faut apprendre à devenir le poète de sa vie. Mais qu'est-ce qu'un poète ? Qu'est-ce que la poésie ? Ce n'est évidemment pas qu'un style d'écriture, plus ou moins soumis à des règles formelles de versification ou de rimes, de rythmes et de nombres de pieds, avec ou sans césure. La poésie est bien plus qu'un formalisme, même si les poèmes de Nietzsche sont très ordonnés selon des formes savantes propres à l'art poétique allemand le plus pur.

Si la poésie n'est pas dans la forme – du moins pas seulement, même si la forme est aussi un levier poétique –, elle doit donc être dans le regard, dans l'état d'esprit du poète. On ne peut s'empêcher, ici, de songer aux *Lettres à un jeune poète* de Rainer-Maria Rilke.

> ## *Ne pas confondre : les comédiens périssent faute d'être loués, les hommes vrais faute d'être aimés.*

Fragments posthumes

L'opposition est claire et dure : il y a ceux qui jouent une vie et il y a ceux qui vivent leur vie. La plupart des hommes jouent un rôle dans ce que Balzac appela la « comédie humaine ». Et l'on sent bien que Nietzsche, une fois encore, oppose la comédie et la tragédie : Eschyle et Sophocle contre Aristophane et Ménandre.

Nietzsche n'aime pas les comédiens, ni sur la scène des théâtres, ni sur celle de la vie. La vie réelle est une tragédie, certes, mais pas une dramaturgie.

Le script de la vie de chacun est donné dans ce destin propre que chacun porte en soi et que l'on nomme, « vocation » ou « idiosyncrasie » ou « légende personnelle » (pour citer Paolo Coelho) ; et chacun mettra tout son talent à remplir et accomplir ce script selon les circonstances et opportunités, mais il ne s'agit pas d'un rôle à jouer, d'un déguisement à revêtir, d'un masque à arborer.

Le comédien ne vit que des applaudissements du public qu'il suppose venu pour lui. Il vit dans et de l'approbation des autres, de leurs ovations, de leurs louanges. Il n'est pas autonome. L'homme vrai, lui, ne joue pas. Le jeu, quel qu'il soit, lui répugne. Sa seule nourriture est l'amour, non d'un public qui n'existe pas, mais bien « des siens », de son clan, de sa tribu.

Troisième partie

Valeurs

> **_Il faut savoir se perdre pour un temps si l'on veut apprendre quelque chose des êtres que nous ne sommes pas nous-mêmes._**

Fragments posthumes

Cela s'appelle, peut-être, l'empathie : vivre un peu au diapason d'une autre vie, en résonance avec une autre existence pour apprendre, pour nourrir notre vie propre, notre existence propre. Il faut vouloir et pouvoir entrer dans une autre logique de vie que celle qui nous porte, que celle qui meut notre destin propre.

Il faut pouvoir « descendre dans le poisson de la mer et dans l'oiseau du ciel et dans tout vivant rampant sur la Terre » (Gen. : 1 ; 28 où l'hébreu dit bien « descendre dans » et non pas « régner sur » comme le prétendent les traductions/trahisons chrétiennes).

« Il faut savoir se perdre », dit Nietzsche. Il ne s'agit ni d'égarement, ni de perdition, mais d'exploration, minutieuse, clairvoyante et lucide.

Il faut pouvoir sortir de la prison de l'ego car s'accomplir, ce n'est pas hypertrophier cet ego que l'on sait artificiel, mais c'est bien plutôt accomplir l'universel (la « Volonté de Puissance ») en soi, au-delà de l'ego dont le seul but est d'occuper le centre et le devant de la scène pour laisser croire qu'il existe réellement, alors qu'il n'est qu'un masque local que porte le Tout-Un dont chacun émane.

Ce qui se paie n'a guère de valeur ; voilà la croyance que je cracherai au visage des esprits mercantiles.

Ainsi parla Zarathoustra

Ce qui a un prix n'a guère de valeur. L'essentiel ne s'achète ni ne se vend. La joie n'est pas une marchandise. Nietzsche vit la révolution industrielle qui est, surtout, une révolution mercantile que l'américanisme de la seconde moitié du XXe siècle amplifiera dans les proportions délirantes que nous savons aujourd'hui – et dont nous commençons à payer les errements très cher.

Nietzsche est le témoin du début de la marchandisation généralisée. Il voit l'essentiel (l'existentiel, devrait-on écrire) être périphérisé au profit de l'avoir, du matériel, de l'apparence, du gavage, de l'accumulation d'inutiles.

Dès lors que tout s'achète, tout devient facile et plus rien n'a de valeur car seul le difficile prend valeur.

Souvent, dans *Zarathoustra*, Nietzsche conchie l'esprit « boutiquier » et il prophétise un avenir qui sera purement « boutiquier »... et c'est bien là que nous en sommes, à l'ère de l'hypermarché.

Le mot est terrible : hyper (au-dessus de tout) et marché (lieu où l'on échange son être contre de l'avoir). Car, enfin, qu'est l'argent sinon la représentation conventionnelle d'une quantité de travail c'est-à-dire du temps passé combiné à de l'énergie consommée, ou, plus précisément, du temps personnel multiplié par de la force personnelle, donc de l'être dépensé.

Fragments posthumes

Joli retournement : l'éveil, c'est rêver. Mais pas rêver de n'importe quoi : rêver de la vie (et non pas rêver sa vie au lieu de vivre sa vie). Le sommeil, c'est rêver de l'après-mort. Le sommeil, c'est rêver d'un idéal irréel. Le sommeil, c'est vivre dans l'illusion et le fantasme, dans l'apparence et le paraître, dans l'espérance ou l'espoir.

L'éveil, c'est l'éveil à la vie, sans les carcans de la raison et des conventions. C'est cela « rêver », oublier les contraintes, les limites, les impossibles qui ne sont que siens et se livrer, corps et âme, à l'universel, là où ces contraintes se dissolvent. Moi, être de chair et de sang, je ne peux pas voler comme l'oiseau du ciel, mais si je sors de mes carcans et si je fusionne avec le tout de la vie et du cosmos, alors la possibilité de voler est totalement en moi puisque je suis tout et que tous les oiseaux sont aussi ce tout qui est moi.

Voilà donc ce qu'est rêver la vie : s'éveiller à la Vie au-delà de sa propre vie, de sa propre existence engoncée dans le champ de ses contraintes et de ces possibles et impossibles. Rêver la vie c'est rejoindre l'illimité de la Vie, de la Vie cosmique, c'est s'inscrire profondément dans le courant de cette Vie qui porte tout, qui nourrit tout, qui donne sens et valeur à tout.

> ## *« Ce qui m'importe, c'est l'éternelle vivacité et non pas la vie éternelle. »*

Ecce Homo

Chaque vie individuelle est limitée, s'étendant entre naissance et mort – car la mort n'est pas le contraire de la vie, mais l'opposé de la naissance. La Vie, elle, au sens cosmique, au sens métaphysique, est, par essence, éternelle et immortelle. Et en passant de « sa » vie à « la » Vie, l'homme, chaque homme, peut participer de cette éternité et de cette immortalité.

Mais là n'est pas le problème. La vie éternelle, telle qu'elle est souvent conçue et exprimée dans les religions du salut comme le christianisme, n'aboutit qu'à un effrayant éloge de l'ennui.

Cette ennuyeuse vie éternelle est sans aucun intérêt, sans attrait.

Aussi, Nietzsche lui oppose-t-il l'éternelle vivacité.

Éternelle vivacité... Cette vivacité est plus que la vie, elle est une capacité de vie, une aptitude à la vie. De « vivacité », le dictionnaire de l'Académie dit : *« Ardeur, promptitude dans ses gestes, ses mouvements, ses réactions. Caractère de ce qui présente une intensité, un éclat vifs. Caractère vif. »*

Être vif, c'est être plus que vivant. On sent, derrière ce mot, une activité incessante et insatiable, une effervescence fertile et joyeuse. Car, en dernière analyse, c'est à la joie que mène la vivacité ; et cette « éternelle vivacité » nietzschéenne n'est pas bien loin d'une joie éternelle à vivre.

*« **La résolution chrétienne de considérer le monde comme laid et mauvais a rendu le monde laid et mauvais.** »*

L'Antéchrist

La manière de regarder déteint sur ce que l'on regarde. La physique quantique ne dit pas autre chose. L'anthropologie expérimentale de même. Le fait d'observer infléchit le comportement de ce qui est observé.

Mais ici, Nietzsche pointe le regard chrétien (ou idéaliste, ce qui revient au même, Dieu parfois en moins) sur le monde réel.

Lorsque l'on oppose le réel à l'idéal, c'est-à-dire la réalité telle qu'elle est aux imaginaires fantasmes « rose et violette », une telle distance les sépare qu'il est aisé d'accuser le réel de ne pas ressembler à cet idéal qui n'est qu'une projection, un délire.

Et bien sûr, cette comparaison penche toujours en défaveur du réel. Et le jugement sévère s'ensuit : puisque le monde réel ne ressemble pas à celui que je vois dans mes rêves puérils, c'est que le monde réel – le seul qui soit réel – doit être forcément mauvais, satanique, diabolique, tout opposé à la pureté divine. Muni de cet infect état d'esprit, l'œil, alors, ne voit plus que ce qui cloche, il ne voit plus que le mauvais et le mal partout, il ne voit plus que ce qui semble imperfection – au mieux – au regard de son utopie.

Fragments posthumes

Humanisme ? Que nenni ! Nietzsche, ce chantre supposé de l'individualisme forcené (qu'il n'est pas) et de l'égoïsme érigé en système (ce qui est faux), dévoile ici un autre regard : la partie ne prend sens que par et dans le tout. Le réel est un. Nietzsche est radicalement moniste. Du Tout-Un, émane tout ce qui existe et chaque chose, chaque être exprime et manifeste ce Tout-Un à sa manière, selon son destin, le tout étant animé par la Volonté de Puissance. Aussi, fort logiquement, la trajectoire de chaque partie au sein du tout ne prend-elle sens et valeur que par rapport à ce tout qu'elle exprime.

De là, vient l'idée que chaque être humain est une partie d'un tout appelé « humanité », elle-même partie d'un tout plus vaste qui s'appelle « biosphère », elle-même partie d'un tout encore plus immense appelé « univers ». Or le sens et la valeur de toute partie vient du tout dont elle est partie intégrante. Ainsi chaque homme prend sens comme partie de l'humanité, à condition que l'humanité puise son sens à elle dans son tout à elle : le cosmos et ses lois.

Voilà, d'ailleurs, tout le dilemme de notre époque, hérité de la modernité et de son rejet de la Nature : comment un homme vrai (pour reprendre l'expression nietzschéenne) peut-il se déclarer humaniste dès lors que l'humanité renie copieusement le Tout dont elle est partie intégrante ?

Ne sais-tu pas que dans chacune de tes actions, l'histoire entière du devenir se répète en abrégé ?

Le Gai Savoir

Allusion à l'« Éternel Retour », déclaration d'interdépendance cosmique, affirmation de l'unité foncière du réel dans l'espace et le temps.

Chaque action, aussi infime soit-elle, influence la totalité du Tout, pour toute l'éternité. Le moindre mouvement d'un petit doigt, gravitation universelle oblige, perturbe définitivement la course de toutes les étoiles du cosmos.

Chaque geste, chaque acte posés devient ineffaçable, ne serait-ce que par ses éternelles conséquences sur tout le reste de l'univers. La responsabilité humaine est immense à l'égard du Devenir. Rien n'est neutre. Rien n'est anodin. C'est un autre sens du « tragique de l'existence » : cette implacable responsabilité, ineffaçable et éternelle, pour toutes les conséquences de la moindre de nos banalités. Mais responsabilité vis-à-vis de quoi ou de qui ? Où en est le juge ? Nulle part ailleurs qu'au fond de soi car, par-delà Bien et Mal, c'est de joie vécue qu'il s'agit. Et cette joie ne pourra jamais être parfaite tant que tous nos gestes ne seront pas parfaits, c'est-à-dire parfaitement adéquats, en harmonie avec le mouvement d'accomplissement du Tout et de soi.

> ## *Toute l'histoire du monde se conçoit comme la biographie d'un seul homme.*

Fragments posthumes

Saisissante métaphore : le cosmos est un être vivant qui naît, croît, mûrit, décline et meurt avant de renaître, encore et encore. Nietzsche appelle cette infinité de cycles semblables, l'Éternel Retour.

L'humanité n'échappe pas à cette métaphore. Elle naquit avec l'*Homo sapiens sapiens* (l'*Homo sapiens demens* comme le nomme mon ami Edgar Morin), descendant du croisement de l'*Homo sapiens* et de l'*Homo neanderthalensis*, il y a quelque deux centaines de milliers d'années (ce qui est si peu en regard de l'histoire du cosmos qui a déjà quatorze milliards d'années d'existence depuis le supposé big-bang). Toute petite enfance préhistorique hantée de peurs effroyables face à une Nature terrifiante, vouant culte à la très maternelle et toute puissante Déesse-Mère avant de rendre grâce au Dieu-Père. Puis, l'enfance arriva avec l'écriture et le commerce : l'Antiquité, l'éveil de la pensée, les premières questions. Puis la préadolescence et ses besoins de foi, de mythes, d'histoires, de contes : ce sera, ici, la Chrétienté. Avec l'adolescence, vint le temps des révoltes et de l'affirmation de soi contre tout le reste : la Modernité. Le temps est à présent venu d'entrer dans l'âge adulte...

*« **Quel est le grand dragon que l'esprit ne veut plus appeler ni Dieu ni maître ? "Tu dois" s'appelle le grand dragon. Mais l'esprit du lion dit : "Je veux."** »*

Ainsi parla Zarathoustra

Dragon contre Lion. Le lion est l'un des deux animaux de Zarathoustra – avec le serpent, afin d'allier l'intelligence à la force. Le lion y est aussi l'un des trois stades de l'humanité entre le chameau qui porte tout le fardeau des lois et des codes, et l'enfant qui, parce que le lion a déchiqueté tout cela, apparaît et symbolise l'enfance du Surhumain enfin libéré.

Le dragon, à l'inverse, symbolise ce fardeau que porte le chameau humain non libéré. Il est ce poids immense du leurre sociétal, du système social, de cette machinerie, de cette machination que les élites démagogiques ont décrétés indispensables afin d'assurer leur mainmise sur les masses, par l'argent, par le jeu, par l'illusion.

Bien des noms ont affublé ce pauvre dragon : Dieu, Roi, Devoir sont ceux que cite Nietzsche ici. On pourrait encore citer : le Bien, le Progrès, l'Égalité, la Solidarité, la Démocratie, et tant d'autres. L'imagination des idéologues et des idéalistes n'a aucune limite.

Mais au Devoir (envers Dieu, envers la Famille, envers la Patrie, envers l'État), le lion de Nietzsche substitue la volonté du « Je veux ! ».

Encore une fois, il ne s'agit pas de caprice puéril comme on veut une sucette ou une grosse voiture. Il s'agit d'un vouloir qui veut la vie, le destin et leur accomplissement.

" Toute Église est la pierre sur le tombeau d'un Homme-Dieu ; elle veut à tout prix l'empêcher de ressusciter. "

L'Antéchrist

Quelle fougue blasphématoire et jubilatoire ! L'image est saisissante, bien sûr, et c'est tout l'art de Nietzsche. Mais comprenons bien le fond du propos : l'Église est une très lourde dalle de marbre qui veut empêcher l'Homme-Dieu de sortir du tombeau où elle l'a mis. L'Église ,ne – tant comme corps de l'ensemble des fidèles que comme squelette clérical qui lui donne forme et rigidité – ne peut accepter qu'un seul Homme-Dieu : le Christ tel que Paul d'abord, puis Augustin, l'ont extrapolé de la vie d'un révolté juif illuminé et châtié par la vindicte romaine. Mais un seul suffit. Pas question d'entrer dans cette autre métaphysique qui prétend que la divinité n'est pas une personne d'une autre nature, mais un état accessible par tout un chacun en sa propre nature. L'Église a voulu et prêché l'humanisation de Dieu, mais elle se refuse bien à promouvoir la divinisation de l'homme.

Mais c'est précisément cette divinisation de l'homme, par et dans le Surhumain, que vise Nietzsche. Et c'est pourquoi il ressuscite cet autre messie, perse celui-là, que fut Zarathoustra.

Il veut libérer l'homme de son enfance chrétienne et de ses délires modernes (ceux-ci prolongeant celle-là). L'homme peut atteindre le divin.

> *Rien de bon n'est jamais sorti des reflets de l'esprit se mirant en lui-même. Ce n'est que depuis que l'on s'efforce de se renseigner sur tous les phénomènes de l'esprit en prenant le corps pour fil conducteur, que l'on commence à progresser.*

Aurore

Kant et toutes les philosophies du sujet en prennent ici plein les dents ! De quoi s'agit-il ? Le criticisme kantien avait mis le doigt sur un gros souci philosophique : celui de l'incapacité de l'homme à sortir des limites étroites de ses sens et de sa raison pour atteindre la connaissance du réel tel qu'en lui-même. L'homme est prisonnier de l'homme. Soit. De là, commença de s'égrener toute la longue litanie des philosophies nombrilistes et narcissiques à la recherche de l'esprit par l'esprit : qu'est-ce que penser ? Qu'est-ce que « je » ? Que puis-je penser ? Que vaut ce que je pense ? Le réel existe-t-il ? Qu'est-ce qui est réel outre le « je » qui pense le concept « réel » ? etc.

Nietzsche s'insurge contre ces logorrhées qui ne peuvent avoir ni portée, ni fin.

Nietzsche casse cette pensée de l'esprit par l'esprit en posant le corps, totalement inclus et enraciné dans le réel, antenne du réel et ambassadeur du réel auprès de l'esprit qui en participe totalement. L'esprit n'est pas hors du réel et/ou face au réel ; il est une émanation du réel ; il exprime le réel.

> ## *Jusqu'à ce jour rien de ce qui donne de la couleur à l'existence n'a encore eu son histoire.*

Fragments posthumes

Énigmatique... Ce qui donne de la couleur à l'existence ? La joie. Sans nul doute, la joie. C'est la joie qui illumine les reliefs de l'existence, ses creux et ses bosses, ses pleins et ses déliés. Sans la joie, l'existence ne serait que sombre, nocturne, morne.

Et, on le sait, la joie est un état d'esprit, une façon de regarder la vie et le monde en termes d'accomplissement de la « Volonté de Puissance » en soi et autour de soi.

La joie n'est pas un but ; elle n'est qu'une conséquence, qu'un symptôme bien agréable de l'accomplissement.

Mais il est vrai que personne, avant Nietzsche – qui ne l'a pas écrite non plus – n'a fait l'histoire de la joie. Nietzsche, de son propre aveu, n'avait pas encore lu Spinoza à l'époque où il écrit cet aphorisme. Il y découvrit, plus tard, une apologie de la joie en des termes proches des siens.

Mais, même chez Spinoza, point de traces d'une *histoire* de la joie. Que pouvait donc bien signifier « être joyeux » ou « jubiler » au temps des cavernes, dans la cité grecque, dans un oppidum romain, dans un monastère roman, sur le parvis d'une cathédrale gothique, dans le cabinet de travail d'un humaniste de la Renaissance, dans la cheminée de Descartes, dans ce fiacre suspendu sur le parapet d'un pont parisien où pâlissait Blaise Pascal ?

***Tu dois devenir l'homme que
tu es. Fais ce que toi seul peux faire.
Deviens sans cesse celui que tu es,
sois le maître et le sculpteur
de toi-même.***

Ainsi parla Zarathoustra

Voilà l'aphorisme clé de Nietzsche. Il trouve son origine dans l'antiquité (Ve siècle avant l'ère vulgaire) avec le poète Pindare qui écrivit : « Deviens ce que tu es », pour signifier que chacun porte en soi l'entièreté de tous ses propres devenirs possibles ; que ces devenirs sont latents et que rien n'adviendra tant que la volonté de les faire advenir ne sera pas le guide unique de tous les instants.

Mais Nietzsche n'en reste pas là. Il ajoute : « Fais ce que toi seul peux faire », et propose ainsi le grand critère qui permettra de sélectionner le meilleur des chemins possibles lorsqu'il s'en offre – et c'est souvent – plusieurs. L'idée est évidente – une fois posée – : puisqu'il s'agit de devenir ce que l'on est déjà, en latence, authentiquement, il convient de cultiver, en tout, ce qu'il y a de plus personnel, de plus idiosyncratique. Ce que tout le monde peut faire n'a évidemment rien de discriminant, rien de différentiant, rien d'inédit. Et Nietzsche insiste : l'affirmation de soi, dans sa différence à soi, est indispensable, non pour flatter l'orgueil imbécile, mais pour enrichir la vie de ses différences et, ainsi, rendre la vie plus féconde, plus fertile, puisque l'uniformité est l'expression pure de la stérilité.

> *Celui qui ne dispose pas des deux tiers de sa journée pour lui-même est un esclave, qu'il soit d'ailleurs ce qu'il veut : politique, marchand, fonctionnaire, érudit.*

Fragments posthumes

Propos d'une actualité consternante, pour nous qui commençons à repenser le travail hors des grilles du productivisme et du matérialisme modernes.

L'équation classique de la modernité était : travailler plus pour gagner plus d'argent, pour consommer plus afin d'être plus heureux. Ces dernières décennies ont brisé net cette fausse équation. Il n'y a aucune corrélation entre consommation et bonheur. Il y a de moins en moins de corrélation entre travail professionnel et revenu financier. Il n'y a plus de fortune à bâtir sur le seul travail. L'avenir économique de l'humanité n'est plus dans la quantité de travail, mais dans la qualité des activités (au pluriel).

Nietzsche, autrement si avare de quantification, s'y risque ici : sur les quinze heures journalières de veille active et disponible pour des activités diverses, dix doivent être réservées pour soi et seulement cinq pour assurer l'indispensable, au sens matériel. Mais ne nous y trompons pas. Le conseil donné ne propose pas dix heures de loisir ou de farniente ou de jeu tous les jours. Ces dix heures, pour être fécondes, doivent impérativement être rageusement investies dans le travail harassant de l'accomplissement de soi.

« *L'homme souffre si profondément qu'il a dû inventer le rire.* »

Fragments posthumes

Nietzsche n'aurait pas pu lire Bergson… Et il n'aurait pu lire, non plus, le traité disparu intitulé *Du rire* que l'on prête à Aristote (voir *Au nom de la rose* d'Umberto Eco).

Nietzsche voit, dans le rire, l'antidote artificiel (puisqu'il est « inventé » selon lui) à la souffrance humaine.

Nietzsche riait-il ? Ou vivait-il austère et sérieux comme le montrent toutes les photos et tous les portraits de lui ? Nietzsche fut un homme souffrant, au sens le plus physiologique du terme, on l'a vu. Les témoins disent de lui qu'il était courtois, peu disert mais jovial. Mais où est le rire ? Le rire est-il compatible avec son sens du tragique ? Ou le rire ne serait-il pas plutôt un puissant antidote à ce tragique, précisément ?

Toutes ces questions concernant l'intimité du cœur de Friedrich Nietzsche resteront sans réponse…

Le rire, on le sait, est une réaction quasi physiologique qui vise à se débarrasser d'un embarras, d'une rupture, d'une situation absurde ou paradoxale, d'une surprise inattendue, d'une tension affective (comme les larmes, aussi) ou intellectuelle. « Mieux vaut en rire qu'en pleurer, dit-on, la grimace est plus belle. » Nietzsche serait-il la figure inverse de celle du clown triste ?

" *C'est perdre de sa force que compatir.* "

Fragments posthumes

Compatir... Souffrir avec, souffrir ensemble. Exact doublet latin du grec « sympathiser » qui a la même signification étymologique. La compassion n'est rien de plus, étymologiquement, que la sympathie.

Ce n'est donc pas dans son sens étymologique qu'il faut entendre le mot ici. Ce que vise Nietzsche, c'est la pitié, axe central de l'anthropologie chrétienne, colorée des teintes mièvres de la charité.

La vulgate chrétienne, bien relayée par la morale socialiste qui la prolonge laïquement, enjoint au fort de s'apitoyer sur le faible. Voilà posé le socle de ce mythe moderne connu comme « justice sociale » et qui est l'autre nom de l'égalitarisme.

On comprend que Nietzsche pose déjà ce qui sera le moteur des marasmes du XXe siècle. Il exclut la pitié, non par cynisme ou égoïsme, mais pour trois excellentes raisons.

La première : la pitié rend le faible non pas moins faible, mais plus haineux.

La deuxième : la pitié conforte le faible dans sa faiblesse.

La dernière : la pitié dévore de l'énergie mentale autrement plus utile ailleurs.

Tout cela peut paraître sinon d'une froide cruauté, du moins d'une provocante incorrection politique ; il n'en demeure pas moins que les échecs, depuis longtemps constatés mais aujourd'hui admis, de toutes les tentatives de réinsertion ou d'intégration sociales, plaident en faveur de Nietzsche.

La cruauté est le remède de l'orgueil blessé.

Fragments posthumes

La cruauté est vengeance, la cruauté est revanche de l'ego : désir morbide d'un ego qui a eu mal du fait d'un autre, de faire mal à l'autre. Psychologisme banal qui ne ressemble guère à la sagacité habituelle de Nietzsche.

Mais il y a un autre versant de la cruauté dans l'œuvre de Nietzsche d'où il prône la cruauté non pas comme vengeance d'un ego faible, mais comme attitude de l'esprit fort. Mais ce sens, alors, est plein d'ironie car la cruauté n'est pas réelle, mais perçue par l'autre, par le faible qui quémande de la pitié et qui se la voit refusée. Le faible appelle « cruel » celui qui refuse d'être faible avec lui, celui qui lui refuse la pitié qui le confortera dans sa faiblesse.

Répétons-le, cette cruauté-là est perçue seulement car elle n'est pas réelle. Il s'agit plutôt de dureté, d'ailleurs, d'exigence, de refus de complaisance. Car, qu'est la compassion sinon une forme, ennoblie artificiellement, de complaisance ? Une compromission, en somme. Croit-on vraiment aider le faible en confirmant sa faiblesse ? Croit-on vraiment faire œuvre d'humanité en le confortant dans son impasse, dans son fatalisme, dans son absence de courage et de volonté ? En pleurnichant avec lui sur son sort ?

" J'appelle corrompu, homme, animal ou société qui a perdu ses instincts. "

Fragments posthumes

Nous sommes au mitan du XIXe siècle. La notion d'instinct n'a pas encore reçu les résultats des recherches éthologiques. L'instinct, chez Nietzsche, est une notion floue, intuitive, générique. Jean Rostand disait de l'instinct qu'il est la poubelle de nos ignorances. Il est ce mystère qui couvre ce fait mille fois avéré que la Vie adopte spontanément des comportements stéréotypés, parties prenantes de l'idiosyncrasie de l'espèce, relevant de sa mémoire phylétique.

Pour Nietzsche, l'instinct est cette conscience floue des voies de l'accomplissement de soi : chez l'animal, cet accomplissement est d'abord la simple survie qui, par instinct, s'impose à lui et lui donne l'énergie de ne pas accepter la mort. Mais l'instinct se développe avec les espèces les plus développées et va au-delà de la simple survie immédiate en se projetant vers l'avenir avec, par exemple, l'instinct maternel. Chez l'homme, animal conscient et pensant, l'instinct s'enrichit encore et pousse chacun à s'épanouir, à devenir ce qu'il est, à s'affirmer en tant qu'être unique, porteur d'un destin unique.

Nietzsche appelle « corruption » toute trahison de cet instinct c'est-à-dire toute trahison, refus, rejet de ce destin propre qui, seul, donne sens et valeur à son porteur qu'il soit animal, homme ou société.

Quatrième partie

Avenir

> **_L'homme est une corde tendue entre le singe et le Surhomme, une corde au dessous de laquelle il y a un abîme, une corde où il est dangereux d'avancer, ou de reculer._**

Le Gai Savoir et *Ainsi parla Zarathoustra*

Toute la philosophie de Nietzsche est inscrite en filigrane dans cet aphorisme qui apparaît dans *Le Gai Savoir* et dans *Ainsi parla Zarathoustra*.

Deux idées majeures s'en dégagent.

La première détrône l'homme de la stalle où il s'était lui-même proclamé, d'être le sommet, le but et le centre du monde. Il n'est rien de tout cela. La révolution nietzschéenne est aussi une révolution copernicienne : l'homme n'est plus au centre, il n'est qu'un maillon de la chaîne millénaire qui va de l'amibe au Surhumain. L'homme est un passage. Voire une passade. Il est un chemin, pas une destination. Il n'y a d'ailleurs aucune destination, aucun but, aucun objectif, aucune finalité préétablie ou prédéterminée. Il n'y a qu'une intention actuelle et immanente : celle de toujours plus d'accomplissement.

La seconde idée est que ce pont humain vers le Surhumain est étroit et dangereux : beaucoup ne s'y risqueront pas et bien peu atteindront l'autre côté. Ce pont est aussi un seuil difficile à franchir qui laissera la masse des faibles sur le carreau.

> *Il suffit de forger des noms nouveaux, de nouvelles appréciations et de nouvelles probabilités pour créer à la longue aussi des "choses" nouvelles.*

Fragments posthumes

Nietzsche constate une forme d'autosuggestion collective. Il « suffit » de créer le concept pour que la chose vienne… pour autant que la « chose » soit compatible avec le réel.

Cette autosuggestion collective n'est rien d'autre que la machination de l'espérance. Or, l'expérience montre que l'espérance ne se réalise presque jamais – ce ne serait pas de l'espérance de quelque chose qui n'existe pas, mais de la prise de conscience de la latence de quelque chose qui existe. Le christianisme a inventé la résurrection des morts pour exorciser sa peur du monde réel, mais il n'y a jamais eu et il n'y aura jamais de résurrection au sens réel. Le socialisme a inventé l'idéal d'égalité, mais l'égalité est un leurre contre-nature qui n'adviendra jamais – heureusement !

Mais les guillemets que Nietzsche introduit, mettent sur la piste : l'espérance ne se réalise jamais, mais, par l'énergie qu'elle mobilise, elle engendre des « choses » nouvelles qui ne la réalisent pas mais qui la prolongent.

La leçon est claire : l'espoir est toujours fallacieux (il est une projection d'un idéal capricieux et puéril) mais il exprime, à couvert, la « Volonté de Puissance » à l'œuvre dans les âmes faibles.

L'artiste a le pouvoir de réveiller la force d'agir qui sommeille dans d'autres âmes.

La Naissance de la tragédie

Rappelons que l'Art et l'artiste sont à prendre au sens nietzschéen de dionysiaques : leur moteur est d'exalter la puissance de la Vie à l'œuvre dans le réel, bien loin de la joliesse lisse et proprette des arts apolliniens.

En ce sens, l'Art promeut cette puissance qu'il veut exalter. Il l'insuffle. À proprement parler, l'Art, alors, devient un lieu immatériel où souffle l'Esprit. Il devient langage de l'Esprit de puissance, langage de Vie, langage de la « Volonté de Puissance ». L'artiste authentique et véritable devient ainsi son interprète, son ambassadeur auprès des hommes. Ce n'est pas l'artiste qui crée mais il est créé à travers lui (Bach, par exemple, en a maintes fois témoigné).

Écoutez l'*Aria* de Jean-Sébastien Bach ou le *Requiem* de Wolfgang Amadeus Mozart ou l'ouverture du *Tannhäuser* de Richard Wagner ; lisez *Les Justes* d'Albert Camus ou *Les Essais* de Michel Eyquem de Montaigne ; récitez *La Ballade des pendus* de François Villon ou *L'Invitation au voyage* de Charles Baudelaire ou *La Fin de Satan* de Victor Hugo ; admirez un cloître roman ou une cathédrale gothique ; et vous sentirez ce souffle dont je parle.

L'extase du ciel passe par les profondeurs de la terre. Elle est une porte étroite. Chaque mot est ici capital.

L'étroite voie : le chemin difficile et escarpé qui mène, laborieusement, à l'accomplissement de soi et à la joie qui l'accompagne.

Notre ciel propre : notre propre accomplissement perpétuel, non pas égoïste, mais autonome, conscient de l'interdépendance de toute chose et de tout être et conscient que l'accomplissement du soi passe aussi par l'accomplissement de l'autour de soi.

La volupté : le salut n'est pas affaire de souffrance et de sacrifice, mais de volupté et de joie ; la volupté est d'ailleurs le seul critère qui puisse nous faire savoir que nous sommes sur la bonne voie… à la condition de ne pas confondre joie profonde et plaisir éphémère.

Notre propre enfer : pour accéder au chemin de notre propre ciel, il faut d'abord accepter et assumer notre réalité, jeter aux orties tous nos idéaux, toutes nos illusions, tous nos fantasmes, tous nos rêves… et c'est le plus difficile, c'est le plus pénible, c'est le plus infernal.

Toujours : il n'y a pas d'autres voies que celle-là malgré ce qu'en disent les faux messies et les charlatans de l'esprit.

Tout acte exige l'oubli.

Fragments posthumes

La mémoire est castratrice. « On l'a toujours fait ainsi, pourquoi changer ? »... « Cela ne sert à rien, on l'a déjà fait et ça ne marche pas ! »... La voilà à l'œuvre cette mémoire castratrice du « on » impersonnel.

Pour oser, il faut savoir oublier les risques et les risques imaginés sont imaginaires : ce ne sont que des extrapolations d'expériences passées dont les circonstances et les modalités ne font que vaguement ressembler à celles d'à présent.

L'expérience ne doit pas tuer l'audace ; bien au contraire, elle doit la galvaniser en la guidant. Lorsqu'elle dit : « Ne le fais pas », il ne faut point trop l'écouter ; mais lorsqu'elle dit : « Fais-le, mais prends garde à... », alors l'attention s'impose.

Chaque expérience est résolument neuve, mais les pièges, eux, sont toujours les mêmes.

La mémoire doit nous parler des pièges, pas de l'action.

En somme, tel un leitmotiv wagnérien, Nietzsche nous rappelle sans cesse que la vie est création et que toute création est audace. Dionysos s'oppose à Apollon. La Puissance s'oppose à l'Ordre. Car il faut du désordre pour créer. Dans son prologue à *Zarathoustra*, lors de sa description du « Dernier homme », Nietzsche écrit cette phrase somptueuse : « *Je vous le dis : il faut porter encore en soi un chaos, pour pouvoir mettre au monde une étoile dansante. Je vous le dis : vous portez en vous un chaos.* »

Les convictions sont des prisons.

Fragments posthumes

Tyrannie de l'opinion. À l'extérieur comme à l'intérieur de soi.

À l'extérieur : les masses sont des troupeaux de bovins qui suivent leur gazette et leur gazette psittacine ne fait qu'ânonner laborieusement les fadaises de ces faiseurs d'opinion que sont les élites démagogiques.

À l'intérieur de soi : les convictions que l'on a, ne sont que croyances, toutes relatives, toutes incertaines, toutes volatiles.

L'étymologie est formelle : une conviction est une croyance dont on s'est laissé convaincre. Elle est une greffe. Elle est un corps étranger que l'on s'est laissé importer.

Peut-être Nietzsche a-t-il reçu, par l'entremise de son maître de jeunesse, Arthur Schopenhauer, ce conseil bouddhique de ne jamais rien recevoir sans l'avoir expérimenté soi-même. La conviction, l'opinion, ne sont jamais que les reflets de l'air du temps, des idées toutes faites qui donnent, à la masse, l'impression d'être intelligente et d'avoir compris quelque chose. Et elles sont bien des prisons car, transgresser l'opinion, nier la conviction, revient à démontrer l'inintelligence des foules et les mensonges de leurs meneurs.

Aujourd'hui, on appelle cela le politiquement incorrect.

" Personne peut-être n'a jamais été assez sincère pour définir la sincérité. "

Ecce Homo

Oxymore ? Paradoxe ? Aporie ? Phrase autoréférentielle ? Oui, un peu de tout cela. Mais aussi la forte conscience qu'a Nietzsche de sa propre lucidité. Il voit tout ce que son époque ne voit pas. Il voit clair. Il est un clairvoyant. Il est à la fois prophète et devin, c'est-à-dire poète. D'ailleurs, les professeurs de philosophie n'ont pas manqué de lui dénier la qualité de philosophe : il ne ratiocine pas, il n'argumente pas, il ne se complaît pas dans leurs ennuyeuses et filandreuses logorrhées pseudo-techniques. Il philosophe à coups de marteaux, comme il le dit lui-même dans le sous-titre du *Crépuscule des Idoles*. Il ne disserte pas, il assène. Là où ces pauvres professeurs écriraient un fort volume de 600 pages de dissections oiseuses, une page lui suffit : une page qui claque, qui cingle, qui déchire.

Définir la sincérité : « écrire avec son sang », dirait Nietzsche, et assumer pleinement toutes ses propres contradictions, sur le mode dionysiaque, et refuser l'esprit de système car trop lisse, trop sphérique, trop apollinien.

Il est probable, à mon sens, que c'est cet esprit apollinien de système complet et fermé que Nietzsche a refusé chez Hegel. Dommage : ils avaient beaucoup en commun, malgré les apparences, étant tous deux philosophes du Devenir et de l'histoire en marche.

Avenir

> ***La métaphysique, la morale, la religion, la science, sont considérées comme des formes diverses de mensonge : il faut leur aide pour croire à la vie.***

Fragments posthumes

Le propos est rude car il assimile « connaissance » et « mensonge » tout en faisant de la connaissance un chemin vers la « vie ».

L'apparent paradoxe se résout dès lors que l'on distingue le cheminement de ces résultats. La connaissance est le résultat de l'effort pour connaître. Ces résultats sont toujours faux parce que partiels et partiaux, parce qu'approximatifs et relatifs. Ils sont donc, dans l'absolu, des mensonges. Soit. Mais, par ailleurs, sans l'effort de connaître qui engendre ces « fausses » connaissances, il n'y aurait pas de démarche de l'homme vers le réel, c'est-à-dire vers la vie.

Encore une fois, c'est la démarche, le processus, le cheminement qui comptent et non leurs résultats. C'est l'approche du réel qui est essentiel, bien plus essentiel que les maigres gibiers que l'on rapporte de cette chasse.

L'artiste véritable se fiche de son œuvre apparente comme d'une guigne. Son œuvre réelle est lui-même qu'il sculpte dans l'effort inouï qu'il déploie pour vaincre les résistances et l'inertie de ses matériaux.

Le physicien théoricien qui se collette avec le mystère de la Nature et du réel, est aussi un tel artiste.

Les métaphysiciens, ces albinos de la pensée, les plus blêmes parmi les êtres pâles.

Fragments posthumes

Nietzsche hait la métaphysique et les métaphysiciens. Et pourtant, implicitement, son œuvre est largement métaphysique lorsqu'elle pose une unité absolue du Tout (monisme), une intention primordiale (la « Volonté de Puissance »), un sens de l'histoire (le Surhumain), une gnose suprême (l'Éternel Retour). Alors ?

Pour sortir de cette apparente contradiction, il faut bien comprendre ce que Nietzsche – en son siècle, ne l'oublions pas – entend par « métaphysique » et par « métaphysicien ». Par là, il entend Kant. Ce Kant qui, par sa critique pointue, avait réussi à démontrer l'inanité des métaphysiques anciennes et qui désirait refonder une nouvelle métaphysique idéaliste de l'Être en y intégrant l'incapacité de la raison à atteindre le noumène du réel.

Nietzsche se révolte contre ces deux mots clés : Être et Idéal. Pour lui, toute métaphysique est forcément métaphysique de l'Être puisqu'elle est une ontologie (étymologiquement : la connaissance de l'Être). Le vocabulaire philosophique de son temps ne lui laissait aucun autre choix. Aujourd'hui, on dirait, techniquement, que Nietzsche rejette l'ontologie métaphysique mais développe une hénologie (étymologiquement : la connaissance de l'Un) métaphysique.

> ## *Ce qu'on fait n'est jamais compris, mais seulement loué ou blâmé.*

Ecce Homo

L'homme est infiniment seul. Cette solitude immense est un trésor, et non une punition (d'un quelconque péché originel) ou une fatalité. C'est une bénédiction. Chacun est maître absolu de son propre cheminement. L'autre, le monde extérieur, n'en voient que les résultats qu'ils peuvent louer ou blâmer. Mais ces résultats importent moins que la démarche, que le processus intérieur. Le public, dans une exposition d'Art, ne voit que les œuvres qu'il peut, ou non, apprécier. Mais qu'en a à faire l'artiste authentique ? Rien.

Ce qui sculpte le sculpteur, ce n'est pas l'œuvre finale finie, c'est le travail de sculpture, c'est la lutte contre la résistance et la fragilité du marbre, c'est la maîtrise de son art mise au service de son projet, c'est la patience et la sueur, la rage et le désespoir des moments de découragement – c'est ce dés-espoir qui est libération de soi.

Une fois l'œuvre terminée, quel intérêt peut-elle encore avoir pour l'artiste ? Un intérêt alimentaire, sans doute, s'il la vend. Mais rien de plus. L'œuvre finie est le déchet, l'excrément du travail ; elle n'est rien de plus. D'ailleurs, l'artiste, sitôt l'œuvre achevée, rêve déjà de la suivante… il a déjà oublié celle qu'il vient de créer.

*« **Il est plus facile de s'arranger avec sa mauvaise conscience qu'avec sa mauvaise réputation.** »*

Ecce Homo

On croirait lire Vauvenargues ou Chamfort.

Nietzsche aime jouer au cynique et prendre, malignement, le contre-pied de la morale des bien-pensants.

Il ne préconise rien. Il constate. Il ne parle ni de lui, ni des « hommes vrais », ni des « hommes supérieurs ». Il parle des hommes de la rue pour qui la réputation est bien plus essentielle que la conscience. Et c'est une évidence puisque le faible, parce qu'il est inapte à assumer son propre destin en marge des autres, ne vit que dans le regard de ces autres. Il ne survit que par leur opinion, leur jugement, leur reconnaissance et son appartenance au troupeau.

Bien plus, il répugne à la liberté, à cette encombrante liberté qui l'enjoint de s'assumer envers et contre tout et tous. Il n'en veut pas. Il veut « appartenir » et être reconnu. Il veut être « aimé ». Voilà le symptôme le plus flagrant de sa faiblesse. Il a peur d'être exclu, d'être exilé, d'être au ban. Il a peur de ne plus vivre dans le regard des autres puisque c'est là sa seule vie, à lui qui ne vit pas en lui-même, par lui-même.

Nietzsche appuie là où cela fait mal. Il met le visage des faibles face à leur miroir. Il dénonce. Sans pitié « par amour des hommes » dira-t-il dans *Zarathoustra*. Ils le croient cruel, mais il n'est que lucide et habité d'une exigence de grandeur.

Avenir

*« **Les hommes d'action roulent comme roule la pierre, conformément à l'absurdité de la mécanique.** »*

Fragments posthumes

Philosophie de l'action contre philosophie de la contemplation : voilà le dilemme classique que récuse Nietzsche. Ni action, ni contemplation, prône-t-il. Explicitons…

Prenons un exemple : le moine et l'entrepreneur.

Le moine se retire de l'action et choisit la contemplation dans un mouvement de refus de ce monde et par aspiration vers un « autre monde ». Il s'agit de fuite hors du réel tel qu'il est.

L'entrepreneur – ou le militant, cela revient au même – choisit l'action contre le réel qu'il veut réformer, qu'il veut soumettre à sa botte ou à ses rêves ou à ses idéaux ou à ses envies. Il s'agit aussi d'une fuite hors du réel tel qu'il est.

L'homme d'action veut conquérir le monde afin de l'assujettir à ses caprices. Et ce faisant, il est victime de la « mécanique absurde » du monde même – des autres, des faibles, de tous ceux qui attendent tout des élites démagogiques qui les exploitent ; il n'est pas maître de sa soif de pouvoir ou de fortune. Il les subit. Il s'y sacrifie comme le moine se sacrifie sur l'autel d'un monde qui n'existe pas.

Moine ou militant sont tous deux des faibles face au réel tel qu'il est ; l'un veut le fuir, l'autre veut le réformer. Mais qu'ils le veuillent ou non, ils en restent prisonniers.

La solution est dans le « non-agir » taoïste…

« C'est de nos vertus que nous sommes le mieux punis. »

Le Gai Savoir

Ou, en croisant et inversant la proposition : c'est de nos vices que nous sommes le mieux récompensés. Nietzsche se moque de nos rires jaunes de bien-pensants...

Mais en redevenant sérieux, appert une belle vérité... Qu'est-ce qu'une vertu ? Ce mot a deux sens : soit il s'agit d'une disposition morale (la petite vertu de la dame du même nom – ce qui n'est d'ailleurs pas sûr du tout), soit il s'agit d'une capacité d'action (la vertu médicinale de la sauge).

Nietzsche, ici, pointe le premier sens, le plus classique, le plus courant : toute disposition à la morale nous conduit à reproduire des comportements moraux, c'est-à-dire communément admis comme « bons », c'est-à-dire, encore, réputés conformes aux meilleurs intérêts des autres, donc des faibles.

Être moral, c'est assujettir son action à la morale des faibles, à la morale des esclaves (voir, à ce sujet *Aurore* et *Généalogie de la morale*). Mais alors, en conséquence immédiate, cette action n'est plus au service de l'accomplissement de soi et de la réalisation de son destin propre. Elle mène donc à l'abandon de soi au profit des faibles. Parangon de la morale chrétienne du sacrifice et de l'amour du prochain.

Et cet abandon de soi nous écarte, peu à peu, de la seule source de joie. Telle est l'irréfragable punition...

Désabusement

Aurore

La mémoire humaine est sélective : elle ne retient que le négatif puisque le positif est censé être normal. La mémoire ne s'intéresse qu'à l'anormal, à l'exception, au clou qui dépasse. C'est ainsi... et cela fait l'audience des journaux.

La leçon bouddhique est parlante. Dans son sermon de Bénarès sur les quatre nobles vérités, Siddhârta Gautama Sakyamuni (le bouddha historique) commence par poser ceci : « Il y a souffrance ; la cause de la souffrance est désir ; l'extinction de la souffrance passe par l'extinction du désir ; il y a huit chemins vers cette extinction. » Fort bien. Mais pourquoi ne pas dire : « Il y a joie ; la cause de la joie est accomplissement ; l'exaltation de la joie passe par l'exaltation de l'accomplissement ; il y a huit chemins vers cette exaltation » ?

Pourquoi construire tout un système sur la seule souffrance alors que, dans ce monde, souffrance et joie sont aussi indissociables que le yin et le yang chinois ?

Pourquoi cette prédilection pour le négatif et cette occultation du positif ? Pourquoi ce pessimisme ? Non qu'il faille sombrer dans l'optimisme le plus béat. Là n'est nullement le propos. La voie est d'assumer joie et souffrance, positif et négatif, et de les transcender : ni optimisme, ni pessimisme, mais lucidité et assomption du réel tel qu'il est.

> ## *L'effort des philosophes tend à comprendre ce que les contemporains se contentent de vivre.*

Fragments posthumes

Comment faut-il prendre cela ? Est-ce moqueur ou laudatif envers les philosophes ? Les deux, sans doute. Quelle est la finalité de la philosophie ? La recherche, par amour, de la sagesse. Mais qu'est-ce que la sagesse ? L'art de vivre dans la joie. Et qu'est-ce que la joie ? Le symptôme de l'accomplissement de soi. Aussi, d'un trait, peut-on proposer que la philosophie est la recherche des voies de l'accomplissement de soi.

C'est au moins dans cette visée que s'inscrit toute l'œuvre nietzschéenne.

Peut-être faut-il reprendre ici la distinction schopenhauerienne entre les philosophes qui éclairent par leur mode de vie et les professeurs de philosophie qui obscurcissent par leurs écrits filandreux.

Le jugement de Nietzsche est à prendre dans le sens laudatif pour ces philosophes qui, en vivant leur philosophie, donnent un exemple roboratif et lumineux aux cherchants, et dans le sens péjoratif pour ces professeurs de philosophie qui sèment obscurité et confusion au long d'écrits illisibles.

Nietzsche n'est pas professeur de philosophie, c'est une évidence. Il n'aurait pas eu la moindre chance académique en ce sens. Mais est-il philosophe ? Les professeurs de philosophie, et c'est vengeance normale, ont tendance à répondre par la négative. Nietzsche lui-même ne se considère pas vraiment comme tel. Et pourtant l'œuvre de Nietzsche est hautement philosophique...

L'amour maternel… Nietzsche, ailleurs, ironise sur les nigauds que nous, les hommes mâles, sommes lorsque nous croyons en l'amour conjugal : car, pour bien des femmes, l'homme n'est que passage obligé (du moins à l'époque de Nietzsche) vers la maternité.

Que peut donc pousser une femme à tant désirer devenir mère ? Objectivement, les enfants sont des boulets, des casse-vie, des brise-amour, des anti-liberté, des calamités qui nous forcent à travailler trop, à nous endetter beaucoup et nous pompent le meilleur de nous durant vingt ans au moins – les plus puissantes années de votre vie. Objectivement, la conclusion raisonnable et raisonnée de tout jeune adulte devrait être : tout mais pas d'enfants. Et malgré tout…

Selon Nietzsche, la cause de cette très déraisonnable imbécillité est à chercher dans la curiosité, dans l'attrait du mystère insondable de créer la vie, de donner la vie. Même si le bonheur présumé de la grossesse est payé ensuite au prix fort, rien n'y fait. L'attraction de la procréation est hypnotique. Il faut…

Et cela mène à la suicidaire surpopulation létale que connaît, aujourd'hui, la Terre épuisée, exsangue.

Mais rien n'y fait. La progression démographique reste plus qu'exponentielle… Il faut…

> *Il est possible de vivre sans se souvenir et de vivre heureux, comme le démontre l'animal, mais il est impossible de vivre sans oublier.*

Fragments posthumes

Nietzsche oppose non-souvenance et oubli. Que veut-il nous dire ?

La souvenance est volontaire, elle est un retour voulu sur le passé ; une forme de rumination, une forme de nostalgie, voire de délectation morose (c'est le culte des photos de vacances ou d'enfance). L'oubli, quant à lui, est involontaire, comme un trou qui ronge la mémoire et occulte les leçons des expériences passées. La mémoire est vitale, la souvenance est accessoire.

Nietzsche, souvent, aime à opposer passé et futur, mémoire et action. Il feint d'ignorer la continuité entre eux ; c'est une façon d'affirmer encore la liberté car s'il y a continuité entre passé et futur, cela pourrait signifier que le passé détermine le futur et que la liberté s'amenuise d'autant.

Mais, s'opposer au passé et vouloir construire un futur qui serait en rupture avec lui, n'est qu'une autre forme de déterminisme, peut-être inversé, mais non moins liberticide.

Tout nostalgique ou conservateur est prisonnier de son passé, mais tout militant ou révolutionnaire l'est tout autant, par opposition.

Le problème n'est pas de choisir entre fidélité ou rejet envers le passé, mais de vouloir créer librement un futur qui accomplisse le passé en le dépassant.

> *Le verdict du passé est toujours le verdict d'un oracle. Vous ne le comprendrez que si vous êtes les architectes de l'avenir, les connaisseurs du présent.*

Fragments posthumes

Cette sentence complète la précédente dans le sens que nous y avions esquissé.

Le passé est ce qu'il est avec son bilan (verdict) tel qu'il est. Au bout du passé, il y a le présent où le futur s'élabore et s'ensemence au terreau du passé, que ce terreau soit pauvre ou fertile, rien n'y fait.

Le présent, lorsqu'il est lucide (vertu numéro un pour Nietzsche), discerne, dans ce terreau hérité, des possibles et des impossibles. Le futur est ouvert. Les impossibles hérités du passé le contraignent, mais ne le déterminent pas. Il reste beaucoup de possibles à exploiter vers plus d'accomplissement. C'est en cela que le verdict du passé est un oracle puisqu'il annonce les futurs possibles que le présent a en charge de créer via les « architectes de l'avenir ».

Mais pour architecturer ces avenirs possibles qui accoucheront du présent de demain, il faut impérativement connaître le verdict du passé et lucidement inventorier les possibles et impossibles du présent ; il faut être un bon « connaisseur du présent ».

Le génie réside dans l'instinct.

Humain, trop humain

Leonardo da Vinci disait que le génie, c'est 5 % d'inspiration et 95 % de transpiration. Mais d'où viennent ces fameux et mystérieux cinq pour-cent ? De l'instinct, nous révèle Nietzsche. Et, souvenons-nous en, pour lui, instinct est synonyme d'intuition. Le génie, ainsi, devient conséquence de cette capacité rare d'entrer en résonance avec le réel, de le comprendre (com-prendre) de l'intérieur, de s'identifier avec lui, avec tout lui, de demeurer en parfaite communion avec lui. N'est-ce pas là l'*unio mystica* tant recherchée par les mystiques de toutes les époques et de toutes les contrées ?

Le génie ne se raisonne pas ; il n'est ni logique, ni déductif. Même s'il est scientifique. Les grands génies de la physique l'admettent – et Einstein au premier chef – : leur démarche de création théorique est tout sauf logico-déductive. Elle procède par rumination, par image, par expérience de pensée, par symbole, par souci esthétique, par quête d'élégance, par tout ce que l'on voudra sauf par le raisonnement de la raison raisonnante.

Pour le dire autrement, dans notre langage actuel, le génie est affaire de cerveau droit et non de cerveau gauche.

Une école enfermée dans ce cerveau gauche, analytique et logique, non créatif, non imaginatif, non holistique, se condamne à ne produire que des zombies sans génie.

> ## *La terre est comme la poitrine d'une femme : utile autant qu'agréable.*

Fragments posthumes

Joindre l'utile à l'agréable, dit-on. Évidemment vrai pour les seins de nos amantes. Mais pour la terre ? Et de quelle terre parle-t-on ici ? De cette matière dont est fait notre sol ou de la planète que nous foulons ?

La nuance est pourtant essentielle qui se traduit bien en hébreu par deux mots différents. Confondre *Eretz* (le territoire, le domaine spatial) et *Adamah* (la chair terrestre, le domaine vital) est une erreur considérable. Un domaine spatial comme un pays – c'est-à-dire un territoire que s'est octroyé un État – est un territoire sans aucune signification. Un domaine vital comme un terroir – c'est-à-dire une communauté de mémoire et de culture, d'histoire et d'enracinements – est une entité pleinement signifiante.

Il paraît évident que Nietzsche parle de la terre dans ce second sens, celui d'*Adamah*, celui de la chair du monde, celui où s'enracinent nos mémoires et nos cultures.

Alors oui, bien sûr, la terre est aussi utile qu'agréable. Utile car, qu'on le veuille ou non, qu'on le cache ou non, c'est elle et elle seule qui nous nourrit tous. Et agréable car il suffit de se laisser vagabonder dans un pré fleuri au printemps, dans une forêt automnale, sur une grève marine l'été ou le long d'un lac gelé l'hiver non pour le comprendre, mais pour le vivre profondément.

Le droit des autres est une concession faite par notre sentiment de puissance au sentiment de puissance de ces autres.

Fragments posthumes

Le droit non comme transcendance, mais comme compromis. Il n'y a pas de droit naturel. Il n'y a pas de loi transcendante.

Naturellement, spontanément, il n'y a aucun droit pour les autres face à mon besoin de survie et de vie. Mais, le prix de la paix avec ces mêmes autres conduit à leur octroyer des droits (le moins possible). Voilà toute l'origine des lois. Il n'y en a aucune autre. Et sûrement pas les très hypothétiques « impératifs catégoriques » de Kant. Répétons-le, le droit naturel n'existe pas, il n'est qu'une rêverie de plus dans des caboches d'idéaliste.

Mais il faut faire un pas de plus. En quoi mon accomplissement personnel pourrait-il nuire à quiconque ? Le droit, une loi sont-ils inéluctablement nécessaires ?

Nietzsche répond dans *Zarathoustra* que le saint et le sage sont au-dessus des lois. Leur accomplissement, leur sainteté, leur sagesse (ces trois mots sont synonymes) n'ont nul besoin de lois. Puisque l'accomplissement authentique de soi n'est possible qu'en parfaite harmonie avec l'accomplissement du tout, aucune nuisance n'est possible.

Seuls les faibles ont besoin de lois puisqu'ils ne vivent que par les autres !

Il faut avoir besoin d'esprit pour arriver à avoir de l'esprit.

Fragments posthumes

Ou, autrement dit, abruptement : comment faire réfléchir un abruti ?

La vie de l'esprit n'est pas spontanée, curieusement. Beaucoup de nos contemporains ont un cerveau mais n'ont pas reçu son mode d'emploi. La question est vieille comme le monde : comment donner le goût de l'étude et de la connaissance à un ignare ? comment initier une démarche spirituelle chez un atrophié de l'âme ? comment faire savourer un plat à un goinfre ? comment faire entendre Bach ou Beethoven à un fan de rap ? comment donner goût à la culture à quelqu'un pour qui ce mot renvoie à bande dessinée, cinéma et vedettes du show-business ?

Nietzsche répond que sans germe préalable, toutes ces missions sont impossibles. L'esprit se développe parfois, mais il ne se crée jamais.

Et si l'on suit Nietzsche jusqu'au bout du raisonnement, on en vient à constater qu'il y a deux humanités, l'une pourvue d'esprit, et l'autre qui en est dépourvue. Clivage terrible.

Mais à y regarder de près, est-on si loin de la vérité ?

Peu d'hommes naissent avec la capacité physique de courir le cent mètres en moins d'une minute ou de marcher sur un fil tendu ou de nager, en apnée, pendant plus de deux minutes. Tout le monde pourra l'admettre. Mais que l'on en vienne à dire qu'il en est de même pour les facultés mentales, imaginatives, intuitives et intellectuelles, et c'est le tollé !

> ## *On se refuse de croire aux sottises des hommes intelligents ; quelle entorse aux droits de l'homme !*

Fragments posthumes

Sarcasme ! Ironie ! Second degré, encore. L'intelligence ne protège pas de la sottise, c'est évident. Nul n'est à l'abri de proférer une ânerie. Bien sûr. Mais ce que Nietzsche, perfidement, instille ici, est double.

Primo, il proclame que le droit aux intelligents de dire des bêtises est imprescriptible. Pourquoi donc les âneries seraient-elles le privilège des seuls ânes ? C'est une autre façon de plaider pour reconnaître le droit à l'erreur. Car l'intelligence procède, aussi, par essais et erreurs, par tâtonnements, et cela conduit évidemment à des jubilations trop précoces et à des solutions trop hâtives, parfois. En matière intellectuelle, il n'y a aucune vérité possible si l'erreur discrédite son auteur.

Secundo, implicitement, est posée la question : qui peut juger de ce qui pour l'homme intelligent est une sottise ? En vertu de quoi, de quel droit, à quelle aune, une idée est-elle déclarée « sottise » ? On sent que Nietzsche, ici, accuse l'opinion de dictature intellectuelle, de censure philosophique. L'opinion... qui, en grec, se dit *Dogma*, c'est assez dire...

Si l'on ne craignait l'anachronisme, on pourrait illustrer par le pouvoir terrible des *referees* actuels en matière de publication scientifique...

Fragments posthumes

Quel commentaire, diable, pourrait-on ajouter à cette sentence magnifique ?

Peut-être est-ce l'occasion de parler de l'aristocratisme de Nietzsche. Il s'agit de noblesse de caractère et de vie, comme état d'esprit, bien sûr, et non comme pieuse transmission infondée de titres nobiliaires désuets. L'aristocratisme de Nietzsche est une forme élitaire de considérer son statut d'homme et son destin d'homme, loin de toute mesquinerie sordide, loin de tout égotisme narcissique : l'homme noble est au service de ce qui le dépasse – en l'occurrence, l'avènement du Surhumain.

Le mot aristocratie est trompeur puisqu'il contient la racine « cratie » qui renvoie au grec pour signifier « gouvernement ». L'aristocratie, étymologiquement, est le « gouvernement par les meilleurs » (*Ariston*, en grec : le « meilleur »). Or, dans les propos de Nietzsche, ces « meilleurs », ces « hommes vrais », ces « hommes supérieurs » ne briguent en rien quelque pouvoir que ce soit. Ils ne visent pas à gouverner les hommes. Ils ne tendent qu'à se gouverner eux-mêmes, en toute autonomie.

L'aristocratisme, dont il est question ici, n'est donc pas affaire de pouvoir politique, de gouvernement de la cité, de pouvoir sur les hommes. Il ne s'agit que de gouvernement de soi et de pouvoir sur sa propre existence.

" *L'Homme est une chose qui doit être surmontée.* "

Ainsi parla Zarathoustra

Tel est le cœur de la doctrine nietzschéenne. L'homme est le maillon d'une chaîne qui le dépassera. Il n'est qu'une étape de l'évolution. Il est un pont, un passage.

Comme cette vieille algue bleue qui, sans doute, fut le premier être vivant, à la charnière du minéral et du végétal.

L'homme, de même, est à la charnière entre animal et mental : il a vocation, parce que pensant et conscient de penser, d'être l'ensemenceur de l'Esprit qui émerge, avec lui de la Vie, comme la Vie émergea, avec l'algue bleue de la Matière inerte.

Immense vocation. Immense responsabilité. L'homme doit être ce pont entre Vie et Esprit. En est-il capable ? En sera-t-il digne ?

L'aristocratisme nietzschéen répond : certains hommes – mais peu – en sont capables et dignes, mais la masse ne l'est pas. Il y a un considérable effet de seuil qui s'oppose au passage inéluctable vers le haut de l'homme. Beaucoup resteront en deçà du seuil. Tant pis, ces masses ineptes sont le prix à payer pour que l'évolution se poursuive et que le cap soit franchi. Mais tout cela n'est possible qu'à la condition que ces masses, pour préserver leur confort, conduites par les élites démagogiques, n'empêchent pas les « hommes nobles » de remplir leur mission.

Chaque homme cache en lui un enfant qui veut jouer.

Le Gai Savoir

L'enfant peut avoir deux sens. Soit il symbolise le côté immature et puéril de l'homme qui n'est pas encore tout à fait adulte et qui joue à vivre sans vivre vraiment. Soit il représente le troisième stade de l'humanité – après le chameau qui subit la charge des autres et de leurs lois, et le lion qui se révolte et déchiquette cette charge inutile – qui symbolise l'enfance du Surhumain issu de l'humain.

En somme, l'enfant comme passé de l'homme ou comme futur de l'homme.

Mais dans les deux cas, l'enfant joue. Que signifie cette notion de jeu qui apparaît ici ?

Elle se rapproche de cette autre image que Nietzsche affectionne : celle de « danser sa vie » avec légèreté.

L'enfant, lorsqu'il joue, est tout à ce qu'il fait, totalement présent au présent. Il joue « sérieusement », le plus sérieusement du monde. Il est concentré sur son jeu. Nul ne peut l'en divertir. Et c'est ce que Nietzsche nous conseille : cesser de nous gaver de nostalgies et/ou d'utopies, laisser là nos souvenances et nos idéaux, et plonger vraiment, totalement, radicalement dans l'ici et maintenant, vivre le présent en toute conscience, en toute présence. Être présent au présent.

Voici, sans doute, l'adage nietzschéen le plus connu, le plus à la mode. Il le mérite, probablement. Son sens est immédiat : lorsque l'on prend un risque, lorsque l'on ose l'audace, lorsque nous nous mettons en danger, de deux choses l'une, ou bien le monde nous éradique – auquel cas, point besoin de s'ingénier à faire des bilans pointus –, ou bien nous nous en sortons, vainqueur ou vaincu. Dans ces deux cas, de victoire ou de défaite, notre champ de vie s'est élargi. Dans les deux cas, nous avons appris et nous sommes devenus plus forts, plus avertis, plus sagaces. On dit même que nous apprenons plus de nos échecs que de nos succès, ce que l'on comprend puisque le succès, par orgueil sans doute, ne fait pas problème.

L'épreuve tue ou renforce. L'image est forte. Mais l'épreuve tue rarement. Alors : effet de manches ? Non, car, si l'épreuve – la vraie, celle où l'on a vraiment quelque chose de grave ou d'important à perdre – aboutit rarement à la mort physique, si elle tue rarement le corps, elle peut, plus facilement, tuer l'âme, tarir la force intérieure, briser, en nous, la Volonté de Puissance et laisser le bonhomme pantelant, cassé, castré, désormais inondé de peur au moindre mouvement, au moindre souffle.

C'est de cette mort-là dont Nietzsche nous parle.

*" **Le temps de la petite politique est passé ; déjà, le siècle qui s'annonce fait prévoir la lutte pour la souveraineté du monde. Et l'irrésistible poussée vers la grande politique.** "*

Fragments posthumes

Nietzsche écrit cela en 1888 !

Depuis, six guerres mondiales ont ravagé la Terre et les peuples : la guerre des tranchées (1914-1918), la guerre des bourses (1929 -...), la guerre des bombes (1939-1945), la guerre des froideurs (1953-1989), la guerre des ressources (1973-...) et la guerre des monnaies (2006 -...). En fait, depuis Sarajevo et l'assassinat d'un prince sans intérêt, l'Europe a mis le feu au reste du monde selon les six voies de la modernité (l'armée, la Bourse, la technologie, la terreur, la pénurie et la cupidité). Ces guerres se sont suivies presque sans discontinuer.

Nietzsche n'était pas devin. Seulement lucide. Avant tout le monde, il avait compris que le paradigme chrétien – et le paradigme moderne qui n'en est que la queue – arrivait au bout de son cycle, au bout de son rouleau. Aux yeux de l'histoire longue, des cycles de 1500 ans (la chrétienté) et de 500 ans au sein de la chrétienté, la germanité, la féodalité et la modernité, l'humanité est sans grande surprise. Les paradigmes sont cycliques. Paul Valéry disait, à l'issue de la Grande Guerre : « Nous autres civilisations savons que nous sommes mortelles. » Il parlait des paradigmes humains...

> *Le temps de la petite politique est passé ; déjà, le siècle qui s'annonce fait prévoir la lutte pour la souveraineté du monde. Et l'irrésistible poussée vers la grande politique.* (suite)

Fragments posthumes

Lorsque les anciens penseurs grecs parlaient de politique, ils parlaient des fondements d'une vie paisible et digne pour les siècles à venir. Lorsque les politicards actuels – je ne parle pas des réels militants sincères (et donc naïfs) qui « croient » encore aux politiques – parlent de politique, ils parlent de pouvoir et de carrière.

Il y a donc au moins deux espèces de politiques : celle des sages et celle des démagogues.

La politique politicienne, celle qui court derrière l'histoire et ses événements pour vainement tenter de les rattraper et de les récupérer, est l'apanage des sociétés en vitesse de croisière, lorsque le cap est clair et que tout le monde se fiche des gesticulations des assoiffés de pouvoir.

Mais lorsque le monde vit une mutation paradigmatique majeure (comme nous en vivons une aujourd'hui, ainsi que Nietzsche l'avait prophétisée), l'heure des jeux politiciens est passée. Le problème n'est plus de réguler le fonctionnement des sociétés au moyen des institutions : le problème est d'éradiquer ces institutions obsolètes et de réinventer un autre « vivre-ensemble » compatible avec le nouveau paradigme émergent. Voilà le vrai défi que le politique est incapable de relever.

> *Les médecins les plus dangereux sont ceux qui, comédiens nés, imitent le médecin né avec un art consommé d'illusion.*

Humain, trop humain

Nietzsche parle peut-être des médecins concrets, ceux qui ont vocation, sinon talent, de soigner les maladies ou les accidents du corps. Mais il parle, plus probablement, du médecin comme symbole de qui prétend soigner les maladies humaines, bien au-delà des physiologies et des anatomies.

En fait, avec d'autres mots, Nietzsche oppose le charlatan (les Diafoirus de Molière) et le véritable guérisseur. Le charlatan use d'illusion, soutenue par une fausse science et une force aiguë de suggestion. Il ne guérit rien. Il laisse le problème se résoudre de lui-même. Car n'est-ce pas une belle définition de la médecine que d'être, non l'art de guérir, mais l'art de permettre l'auto-guérison ?

Et puis, il y a l'authentique guérisseur – et certains médecins le sont vraiment – qui entre en résonance avec la maladie plus qu'avec le malade, qui la sent, qui la perçoit quelque invisible soit-elle. Il sait, par intuition, sans pouvoir rien expliquer par la raison. Il sait ce qu'il y a et il sait ce qu'il faut faire. Mais tous les esprits ratiocineurs se moquent de son inaptitude à expliquer, comme si les mots... Bref, l'humanité est bien malade, la Terre est bien malade... et l'on ne voit à l'œuvre que des charlatans !

> *Le demi-savoir triomphe plus facilement que le savoir complet : il conçoit les choses plus simples qu'elles ne sont, et en forme par suite une idée plus saisissable et plus convaincante.*

Humain, trop humain

Le simplisme a, pour la foule, tous les charmes. Si vous ne pouvez pas tout dire de votre science en trois minutes, avec des mots de tous les jours (c'est-à-dire avec les 2 000 mots qu'utilisent les journaux populaires), vous êtes recalé ; les médias vous ignorent.

Ceci ne fait qu'illustrer l'esprit de facilité qui hante notre modernité finissante. Tout doit être facile. « Comment, vous osez prétendre que la connaissance est ardue, qu'elle se mérite par l'effort, qu'elle demande temps et patience ? Vous rigolez, ou quoi ? Pas que ça à faire, nous. Mais qu'est-ce que vous croyez ? » La vulgarisation, décidément, porte bien son nom.

Nietzsche met le doigt sur l'immense gouffre qui sépare l'authentique simplicité (difficile et géniale) et le vulgaire simplisme (l'à-peu-près superficiel). Au comptoir du café du commerce, l'opinion n'écoute que les simplismes qu'elle comprend. Et elle comprend peu.

Les élites démagogiques le savent, ceux qui font croire qu'un slogan est un programme, qu'une promesse est un projet, qu'une méchanceté vaut supériorité.

*« **Être profond et sembler profond. — Celui qui se sait profond s'efforce d'être clair ; celui qui voudrait sembler profond à la foule s'efforce d'être obscur.** »*

Le Gai Savoir

La plèbe admire ce qu'elle ne comprend pas. Plus exactement, elle admire celui qui la persuade qu'il comprend ce qu'elle ne comprend pas. Même – et surtout – s'il ne comprend rien lui-même. La recette est facile : ce qui semble obscur doit forcément être dit obscurément. Si la complexité devient claire et simple, elle n'est pas prise au sérieux. La complexité exprimée clairement donne des complexes et blesse l'orgueil : « Comment, c'est si simple et moi, je ne l'avais pas vu ou compris ? C'est impossible ! » Et voilà notre clarificateur relégué au rang des charlatans pour mieux laisser la place aux théâtreux verbeux et jargonnants. Diafoirus, encore.

Le philosophe – ou le scientifique – est perpétuellement écrasé entre l'enclume de l'ignorance ou de la bêtise, et le marteau du besoin d'enseigner ou d'ensemencer.

On le sait bien, l'esprit faible a inventé quatre stratégies, et pas plus, pour attirer vers lui le regard de l'autre : la menace, la culpabilisation, le mystère et le pitoyable.

L'obscurité du faux profond participe du mystère.

Sixième partie

Durée

" *Nul vainqueur ne croit au hasard.* "

Le Gai Savoir

Quelle est la part de chance ? Quelle est la part de maîtrise ou de génie ? Comment savoir ? Ce qui est certain, c'est que l'humain aime à se poser en héros lorsqu'il triomphe et en victime lorsqu'il échoue. L'orgueil est-il maître et moteur de tous les jeux des hommes ?

Et qu'est-ce que cet orgueil ?

Chez le tout petit enfant, la distinction entre le moi et le non-moi n'existe pas. Tout est un. Puis, progressivement, la conscience vient d'un « dedans » que l'on croit contrôler et d'un « dehors » que l'on croit ne pas contrôler. Lorsque bébé pleure fort, maman vient : il la contrôle, elle est lui, ce qui n'est pas le cas du hochet qui, lorsqu'il pleure après lui, ne vient pas.

Ainsi naît l'ego : ce « dedans » que l'on croit contrôler, que l'on croit soumis à sa volonté.

La frontière entre l'ego et le monde (le monde, c'est tout ce qui n'est pas l'ego, tout ce qui est hors contrôle) est floue et variable. L'orgueil est ce puissant moteur qui fait reculer cette frontière et qui fait croire à l'ego qu'il est plus vaste que l'on ne croit et qu'il contrôle un territoire vaste et riche. Et bien sûr, l'orgueil du héros triomphant ne peut que pavaner et nier la part de hasard.

> *Le plus important des événements récents, – le fait que "Dieu est mort", que la croyance au Dieu chrétien a été ébranlée – commence déjà à projeter sur l'Europe ses premières ombres.*

Le Gai Savoir

Nietzsche confirme bien que le Dieu qui est mort – grande révélation du *Gai Savoir* et du *Zarathoustra* – est le Dieu chrétien, c'est-à-dire le Dieu des monothéismes, le Dieu personnel et transcendant, maître du monde, mais étranger à lui, en substance et en nature, en esprit et en pureté, le Dieu des dualismes idéalistes (ce qui est un pléonasme).

Il est d'ailleurs utile de noter qu'au sein des trois grandes traditions monothéistes, un courant mystique fort s'est toujours développé sinon contre, au moins en marge, du dualisme ontologique orthodoxe. Le kabbalisme face au rabbinisme au sein du judaïsme. Le soufisme face à l'islamisme. Le johannisme (de Maître Eckart à Pierre Teilhard de Chardin) face au christianisme.

Car, au cœur des religions comme partout, en politique ou en économie, face aux masses en quête de réconfort et de rassurance, se développent une élite démagogique (les clergés) et une élite aristocratique (les mystiques).

C'est donc bien le Dieu des élites démagogiques et cléricales qui est mort, ce Dieu du réconfort et de la rassurance des masses, ce Dieu imaginaire qui sera censé compenser, là-haut, après la mort, les affres et misères de la vie d'ici-bas.

Nietzsche proclame la mort du Dieu des masses, inventé par les élites cléricales. Mais la mort de ce Dieu n'est pas sans conséquence et Nietzsche en voit les « premières ombres » sur l'Europe.

La mort du Dieu n'implique pas la mort des idéaux qu'il véhiculait avec lui et que le socialisme, à la suite du christianisme, a fait siens...

La fin d'un paradigme provoque trois mouvements : le premier veut la perpétuation des valeurs anciennes (égalité, peuple, obéissance, sacrifice...) sous de nouveaux oripeaux (c'est le relais du christianisme aux socialismes nationaliste, communiste ou utopiste : même religion, autre clergé, même démagogisme, autres messes) ; le deuxième rejette toutes les valeurs au nom des valeurs défuntes (c'est le nihilisme, le matérialisme, l'hédonisme qui forgèrent tout le XXe siècle) ; le troisième, minoritaire, marginal, héroïque s'attelle à refonder un nouveau paradigme, à repenser le monde et la vie (comme les humanistes de la Renaissance le firent d'Erasme à Montaigne, de Rabelais à Giordano Bruno) de façon à faire émerger ce nouveau cycle historique qui tentera, lui aussi, de faire grandir l'homme au service de ce qui le dépasse, dans le respect inconditionnel de la Nature et de sa nature.

La vie n'est désormais plus conçue par la morale : elle veut l'illusion, elle vit d'illusion…

Par-delà bien et mal

Nietzsche dessine là la cassure, au sein même de la modernité, que provoqua la révolution industrielle et le développement des politiques et des économies de masse.

Avant cette rupture interne de la modernité, c'était la morale qui tenait lieu de couvercle plombé sur la marmite des misères et des rébellions. L'Église et l'État (incarné par le Roi) ! La morale chrétienne et la peur de l'Enfer ! La culpabilisation et le péché ! Les masses, essentiellement paysannes, se tenaient loin du vacarme des villes où Église et État déployaient leurs ors, leurs fastes et leurs jeux de cour.

La révolution industrielle – qui commence avec les fabriques nationales de Colbert – provoque une immigration de la campagne vers la ville et les masses – ou, plutôt, leurs élites démagogiques – entrent peu à peu dans les jeux de pouvoir. Ce sera la révolution de 1789 (bourgeoise et parisienne), puis celle de 1848 (boutiquière et encore parisienne) puis celle de 1871 (prolétaire et toujours parisienne). Ce sera le déclin de l'Église et la montée du Parti : perpétuation de la même logique, du même idéalisme, des mêmes valeurs, des mêmes structures cléricales. La morale normative et cléricalisée est remise en cause. Mais ses valeurs se perpétuent sous la forme d'idéaux, c'est-à-dire de pures illusions.

« *Il faut savoir se conserver. C'est la meilleure preuve d'indépendance.* »

Par-delà bien et mal

Que signifie : « se conserver » ? Rester fidèle à soi, à son destin, à son idiosyncrasie, à son phylum. Ne pas se laisser divertir, dévoyer, détourner. Cultiver son intransigeante autonomie.

Cette idée est moins banale et bien plus exigeante qu'il n'y paraît car la fidélité à soi-même et son propre accomplissement est infiniment plus difficile que ne l'est la nonchalance de celui qui se laisse porter par les autres, par le système, par la société.

Il faut du courage pour rester soi-même. Il y faut beaucoup de force et de volonté.

Derrière ce « savoir se conserver », il y a une idée de pureté : rester soi et seulement soi, rester purement soi. Plus facile à dire qu'à faire ! Surtout lorsque l'on prend conscience que ce « soi » est un système ouvert qui s'alimente en permanence dans le monde « extérieur », et pas seulement de nourriture matérielle.

Se conserver, cela signifie aussi : ne pas se laisser polluer. En matière de pollution et d'impureté, la modernité s'y entend : des gaz toxiques aux eaux empoisonnées, de la malbouffe aux drogues, de la pub aux rumeurs, pollution à tous les étages de nos êtres.

On comprend peut-être mieux, alors, le souci que bien des traditions ont mis à édicter et à respecter des interdits alimentaires symboliques, fortes de l'adage : « Tu deviens ce que tu manges. »

> # *On a mal regardé la vie, quand on n'a pas aussi vu la main qui tue en gant de velours.*

Par-delà bien et mal

L'hypocrisie est au centre du jeu humain. Hypocrisie et mensonge, ruse et tromperie à tous les étages.

L'homme vulgaire refuse sa nature ; il veut ressembler à l'image d'Épinal de son puéril idéal. Il veut paraître bon, prodigue, bienveillant, jovial... Il veut paraître authentique – ce qui est un comble oxymorique ! Mais sa nature intime est tout autre. Rousseau, comme toujours, a tout faux quand il proclame que : « l'homme naît bon ». Le petit d'homme est un animal méchant, bête, cruel, égoïste, sournois... il est le plus faible de tous les petits d'animaux qui tous, sauf lui, se tiennent debout dès que sortis du ventre maternel. Le petit d'homme ne peut vivre qu'assisté ; et tant d'adultes n'ont guère évolué.

L'homme noble est précisément celui qui accepte et assume, dans la jubilation, sa propre nature, son propre destin ; celui qui sait cette nature mauvaise tant qu'elle se complaît dans la faiblesse ; celui qui exerce sa volonté à vouloir sortir de la bassesse native et à se dédier à ce qui le dépasse.

Il faut briser les poncifs de l'idéalisme rousseauiste : la seule intelligence des masses, c'est celle de leur intérêt immédiat et primaire, leur seul bon sens est l'habitude, leur seule générosité est l'habile calcul de la réciprocité.

"Pitié pour tous" — ce serait cruauté et tyrannie pour toi, monsieur mon voisin !

Par-delà bien et mal

La pitié, chez Nietzsche, on le sait, est le pire de tous les vices. Il prend, en cela comme pour le reste, le contre-pied de la morale chrétienne, cette morale des faibles qui attend de tous charité et compassion.

Du point de vue du faible, la pitié affaiblit le fort. Du point de vue du fort, la pitié conforte le faible. Plaindre la faiblesse du faible et l'amplifier en le rendant dépendant des aides qu'on lui accorde, n'aboutissent qu'à creuser le fossé qui sépare la force de la faiblesse. Et ce fossé s'est considérablement accru depuis que le : « Aide-toi et le ciel t'aidera » chrétien, est devenu : « Solidarité obligatoire de tous avec tous » socialiste.

Nietzsche voit dans le socialisme une amplification monstrueuse des travers chrétiens. Mais il aime, ici, à sortir des concepts généraux et à poser très concrètement la question à son voisin : quelle serait ta vie si ma relation avec toi n'était que pure pitié ?

Cette pitié t'accuserait, à chaque instant de faiblesse, te dénigrerait, te rendrait méprisable à tes propres yeux. Ce serait cruauté pour toi !

Cette même pitié t'imposerait, à longueur de journée, mes « cadeaux » : mes aides, mes conseils, mes valeurs, mes moralisations, mes regards compatissants et réprobateurs, mes hypocrisies, mes mensonges, mes faux regards aimants... Ce serait tyrannie pour toi !

" On commence à se méfier des personnes très avisées dès qu'elles sont embarrassées. "

Par-delà bien et mal

Le doute est suspect. Il est preuve de faiblesse. Et les faibles haïssent la faiblesse puisqu'elle leur rappelle la leur. Le doute n'est pas acceptable puisqu'il insécurise et que les faibles n'aiment rien tant que la sécurité et la certitude.

De plus, le doute est terriblement séditieux puisqu'il remet en cause ce qui, jusque-là, ne faisait point doute, qu'il perturbe l'ordre établi, qu'il introduit du chaos là où, jusque-là, régnait la tranquille assurance des bien-pensants.

Le doute est cependant un impératif philosophique car il est le début de la sagesse. Il n'y a pas de cheminement possible vers plus de vérité ou, à tout le moins, vers moins de mensonges et d'erreurs, s'il n'y a pas mise en doute des certitudes du moment.

Savoir que l'on ne sait rien, comme Socrate, ou se demander : « Que sais-je ? », comme Montaigne, sont probablement les pensées les plus dramatiquement subversives qui soient. Plonger le monde dans la relativité et l'incertitude, assumer pleinement nos approches partielles et partiales de ce que nous croyons être la « connaissance », oser questionner et interroger nos « évidences » et oser dire que tout ce qui est évident, est faux, voilà ce qu'exige le courage philosophique. Les faibles en sont incapables. Il faut être fort pour être philosophe.

*« **La maturité de l'homme : cela veut dire retrouver le sérieux que l'on avait au jeu, étant enfant.** »*

Par-delà bien et mal

On retrouve, ici, une idée déjà développée plus haut lorsque Nietzsche affirmait : « *Chaque homme cache en lui un enfant qui veut jouer.* »

Il faut donc revenir sur la présence au présent. Être totalement présent, ici et maintenant, sans plus s'en laisser distraire par quelque nostalgie ou quelque utopie que ce soit.

La chose est plus difficile à réaliser qu'à écrire. Nous ne cessons pas de faire des projections, de rêver le futur au lieu de vivre le présent.

Comme l'enfant qui joue, apprenons à être totalement présent et investi dans ce que nous faisons, dans ce que nous avons à faire, ici et maintenant.

Combien de fois n'entend-on pas, comme excuse à une bévue : ah oui, j'étais distrait ! Distraction, voilà l'ennemi ! Et dans les deux sens de ce mot dont l'étymologie dit qu'elle est « ce qui tire à côté » *(dis-trahere)* et donc ce qui trahit la fidélité à soi que l'on se doit. Deux sens donc : le premier désigne ce qui nous détourne de ce qu'il y a à faire, le second pointe l'amusement (ce qui nous distrait de nos soucis). Le langage commun n'a retenu que ce second sens alors que le premier est infiniment plus essentiel.

Ne jamais se distraire, ne jamais se laisser distraire !

> ❝ **Quand on veut dresser sa conscience, elle vous embrasse, en vous mordant.** ❞

Par-delà bien et mal

Encore un oracle sibyllin dont Nietzsche a le secret… Voyons…

Dresser sa conscience ? La mettre debout ou la mettre au pas ? Et quelle conscience ? Celle qui fait la morale ou celle qui sait qu'elle sait ?

Embrasser ? Prendre dans ses bras ou donner un baiser ?

Mais surtout qui est ce « on » qui veut dresser la conscience ? Ce ne peut être la conscience elle-même ; alors ?

Ce qui est sûr, c'est que la morsure fait bien mal et qu'elle réveille. Il paraît clair, donc, que « dresser la conscience » est une mauvaise voie qui mène à la douleur, même si l'embrassade préliminaire tend à faire croire, le temps d'une ruse, que tout est pour le mieux.

Mais peut-être cet éveil douloureux est-il salutaire…

Que ce soit pour la mettre debout ou pour l'agenouiller, le dressage de la conscience implique de renier sa nature pour la faire entrer dans une posture qui n'est pas naturellement la sienne. Nietzsche plaide pour l'authenticité et la spontanéité de la conscience, que celle-ci soit morale ou mentale.

Nietzsche part en guerre contre toutes les artificialités de la conscience : « Deviens ce que tu es ». Assume joyeusement ce que tu es et deviens. Il faut apprendre à être soi et à en avoir pleinement conscience…

*" **Le danger dans le bonheur.
– "Maintenant, tout me réussit :
j'aime toute espèce de destinée :
– qui a envie d'être ma destinée ?"** "*

Par-delà bien et mal

Ni Nietzsche, ni moi n'aimons la notion de bonheur. Il n'aime pas non plus – comme moi – l'idée obsédante de « plaisir ». Avec Spinoza – et moi –, c'est la notion de joie qui est au centre de son eudémonisme. Non que le bonheur ou le plaisir doivent être rejetés ou honnis, loin de là, mais ils ne sont aucunement centraux : ils ne sont, en somme, que des sous-produits occasionnels et gratuits de la joie.

Le plaisir se prend (il est une prédation) et le bonheur se reçoit (il est une dépendance ; l'étymologie du mot « bonheur » est révélatrice : le bon heur – « heur » dérive du latin *augurum* – est la bonne chance) : la joie, elle, se veut et se construit. Elle est un état d'esprit qui ne dépend que de celui qui la porte.

Le bonheur est un piège par l'euphorie qu'il distille et qui tend à laisser croire que « tout réussit ». Alors qu'importe le destin qu'importe l'effort qu'il faut déployer pour réaliser ce destin intime. Puisque tout réussit, pourquoi ne pas choisir la voie de la plus grande pente, la voie de la facilité, la voie du caprice et de la tranquillité ; pourquoi ne pas trahir ce que l'on est et aimer la réussite pour la réussite et le bonheur pour le bonheur ?

> ## *Les poètes manquent de pudeur à l'égard de leurs aventures : ils les exploitent.*

Par-delà bien et mal

Nietzsche a rompu avec le mouvement romantique qui, avec Schelling Hölderlin et Novalis, avait refondé la poésie sur l'étalage de ses sentiments intimes. Nietzsche, le pudique impudent, ne déteste rien tant que l'impudeur et l'impudicité. Pourtant, en réhabilitant la subjectivité et le ressenti, contre l'idéal d'objectivité et de rationalité véhiculé par le positivisme et le scientisme de l'époque (tous deux héritiers majeurs de Kant), le romantisme allemand avait donné les premiers coups de poignard au dos de cette modernité honnie. Nietzsche, qu'il le veuille ou non, vit en cousinage avec lui. Mais ce n'est pas tant le romantisme que rejette Nietzsche que l'impudeur des romantiques – qui, chez certains, surtout en France, deviendra un véritable fonds de commerce poétique au point qu'en français, romantisme est devenu, fort inopportunément, synonyme de sentimentalisme.

Pour Nietzsche, la pudeur est une vertu cardinale. Il aurait été outré – comme je le suis – des étalages insanes, vides, vains et voyeuristes de notre Fesse-Bouc. L'impudeur, c'est l'arrogance de l'ego, son narcissisme paroxystique. Nietzsche n'aime pas l'ego. Il le martèle jusqu'à nous faire entendre ceci, qui fait frémir notre hédonisme douillet : qu'importe mon bonheur, seule mon œuvre compte.

« Ce qui sépare le plus profondément deux hommes, c'est un sens et un degré différents de propreté. »

Par-delà bien et mal

La réputation du bonhomme Nietzsche faisait de lui un homme soigné, toujours propre sur lui, sans dandysme ni ostentation, mais avec élégance.

Mais c'est ici au sens philosophique qu'il faut prendre le mot « propre » et son double : la pureté.

On peut jauger les hommes entre eux – avec des gaussiennes plus ou moins symétriques et lisses – selon bien des critères d'intelligence, de richesse, de socialité, de liberté, d'autonomie, de volonté, de courage, ou que sais-je encore. Nietzsche choisit la pureté comme base de son axiologie humaine.

Plus un homme est pur, plus il est vrai, noble et supérieur. La pureté est l'essence même de l'aristocratisme nietzschéen.

Mais qu'est la pureté ? La pureté se définit comme l'étroite adéquation entre ce que l'on est et ce que l'on fait, entre devenir et destin, entre le « deviens » et le « es » de : deviens ce que tu es.

L'homme pur (noble, vrai, supérieur) est celui qui se refuse à toute souillure, à toute pollution, à toute compromission qui le dévoierait, qui le détournerait, qui le distrairait de son destin propre, de son accomplissement de soi en plénitude.

Morale

Voici le Nietzsche philosophe – presque métaphysicien – à l'œuvre. Il veut dépasser la critique d'un ensemble de valeurs liées, en l'occurrence, à la chrétienté et à la modernité. Il veut sortir du piège du relativisme des valeurs. Il veut prendre au sérieux l'aphorisme de Blaise Pascal : « Vérité en deçà des Pyrénées, mensonge au-delà. »

Il faut donc se hisser au niveau supérieur et interroger la notion de valeur elle-même : pourquoi une certaine valeur a-t-elle de la valeur ?

Techniquement, le problème posé est dit axiologique, l'axiologie étant définie comme « Science des valeurs philosophiques, esthétiques ou morales visant à expliquer et à classer les valeurs. – Science de la valeur en général ».

Qu'est-ce qui donne valeur à un acte quelconque ?

Son résultat ? Son intention ? Ses modalités ? Ses ressources ?

La fin justifie-t-elle les moyens ? L'intention excuse-t-elle les maladresses ? La perfection du geste suffit-elle ? L'excellence de l'acte admet-elle la gabegie ?

La meilleure des réponses n'est-elle pas qu'il faut, pour que l'acte prenne valeur, que ces quatre critères soient tous ensemble satisfaits ? Mais alors, ne nous condamnerions-nous pas tous à l'inaction, l'action étant devenue impossible ?

> ## *Sans la musique, la vie serait une erreur, une besogne éreintante, un exil.*

Crépuscule des Idoles

Nietzsche est musicien. Un bon musicien, même. Il nous a laissé quelques belles compositions pour piano (à écouter : *Musiques pour piano de Nietzsche* par Alain Kremski chez Archange Melody). N'oublions pas que pour Nietzsche, la musique, avec la tragédie et la poésie, est l'un des trois Arts dionysiaques majeurs, les autres arts n'étant que spectaculaires ou décoratifs.

La musique parle à l'esprit, directement, sans l'intermédiaire d'un média quelconque (hors l'air, bien sûr). Un art éphémère qui passe et que l'on écoute pendant qu'il passe. Que l'on ne capture pas (même sur un CD qui n'est rien si l'on ne l'écoute pas).

La musique, comme sa cousine la mathématique, est libre car rien ne l'empêche de se construire sur les structures et les sons les plus extravagants (le XXe siècle, entre 1918 et 1929, ne s'en privera pas).

La musique est le plus bel ornement du silence, un éloge au silence, une apologie du silence. Hors elle, il n'est que bruit, vacarme et fureur. (Bien des musiques, tant classiques que divertissantes, d'aujourd'hui, sont-elles encore musicales ?)

La musique est l'art de la mélodie et de l'harmonie : la mélodie d'un destin qui se réalise et l'harmonie de cet accomplissement avec les accomplissements alentour.

Parvenir à la puissance se paie cher : la puissance abêtit.

Crépuscule des Idoles

Pour une fois, le mot puissance, ici utilisé, est pris dans son autre sens ; non plus celui de « potentialité » (comme dans la Volonté de Puissance), mais celui de « pouvoir » (comme dans l'expression : la puissance des nations).

« Le pouvoir corrompt, le pouvoir absolu corrompt absolument », disait John Emmerich Edward Dalberg-Acton (et non Machiavel, comme on le prétend souvent à tort).

« Qui oblige, s'oblige », surenchérit le dicton.

Nietzsche se met en phase avec Nicolas Machiavel qui, avec cynisme, dit à Laurent le Magnifique, son protecteur et commanditaire, que le but du prince n'est jamais le bonheur de son peuple, mais que le but du prince, c'est de conquérir le pouvoir et le garder. Notre époque semble avoir oublié cette terrible et fondamentale vérité.

Nietzsche nous la rappelle et force le trait : la quête du pouvoir, parce qu'elle repose sur la démagogie, doit « coller » avec les attentes, l'idéologie, la phraséologie de la plèbe ; elle ne peut donc que s'y abêtir.

L'aristocratisme nietzschéen oppose un refus sans compromis à toute forme de pouvoir. Il laisse ce colifichet aux élites démagogiques dont il est le moteur et le ressort central. Qu'elles aillent donc s'abêtir en paix. Il n'y aura pas de concurrence.

> ***Pour vivre seul, il faut être une bête, ou un dieu, dit Aristote. Reste un troisième cas : il faut être les deux à la fois... philosophe.***

Crépuscule des Idoles

La solitude... Aristote la voue aux gémonies. Aristote fait partie de l'élite grecque pour qui la solitude est antinomique avec l'idéal citoyen, avec le vivre-ensemble de la cité grecque et de sa quête de sagesse. Aussi, pour lui, la solitude se place-t-elle hors du commun des mortels, soit vers le bas animal, soit vers le haut divin.

Le statut de l'homme est social. « L'homme est un animal social », clamera-t-il si souvent (notamment dans *Éthique à Nicomaque*). Mais rien n'est plus faux. L'homme est un animal qui hait la promiscuité et qui, dès qu'il en a les moyens, fuit ses semblables pour s'enfermer derrière clôtures, palissades et murailles. L'homme, parce que fragile face à la Nature sauvage, fut contraint de vivre socialement, pour mutualiser les risques ; mais maintenant, ce n'est plus le cas.

Nietzsche répond à Aristote. Oui, le faible est animal social car, chez lui, la peur atavique du monde et de la vie le pousse vers l'autre : le troupeau rassure. Mais, outre l'animal ou le dieu, l'homme vrai, l'homme noble, l'homme supérieur cultive la solitude et se complaît loin de la promiscuité de la plèbe. Cet homme-là, Nietzsche le *définit* comme philosophe.

***Comment ? Tu cherches
à te multiplier par dix, par cent ?
Tu cherches des disciples ?
Cherche alors des zéros !***

Crépuscule des Idoles

Jeu de mots… Seuls des nuls oseraient se déclarer « gourous ». Seuls des nuls sont aptes à devenir « disciples ». Que de zéros de par le monde. Et une longue suite de zéros derrière tout nombre, fait quantité, mais non qualité.

Bref. Nietzsche n'a jamais voulu, ni même entrevu la possibilité, de faire école. Il est un solitaire. Il veut penser librement, écrire librement, sans devoir enseigner. Il a professé la philologie à l'université de Bâle ; il sait donc parfaitement ce qu'enseignement veut dire de : fastidieuses répétitions et explications, d'ennuyeuses discussions et de débats stériles (encore un pléonasme, décidément).

Le luxe le plus inouï que peut offrir la vie, est de pouvoir travailler seul, tranquille, maître de son temps et de ses pensées, autonome, perdu dans un coin de Nature, loin des hommes et de leurs tumultes bruyants. Solitude et silence !

Comment quelqu'un qui ne comprendrait pas cela – et qui ne ferait pas tout pour s'offrir ce luxe incandescent – pourrait-il bien prétendre être philosophe. Il n'y a que les professeurs de philosophie qui peuvent croire qu'il faut être citadin…

Morale

> *Qui ne sait mettre sa volonté dans les choses, y met au moins un sens : cela revient à croire qu'une volonté s'y trouve déjà (principe de la "foi").*

Crépuscule des Idoles

De deux choses l'une : ou bien le monde a un sens en soi et il faut aller l'y découvrir, ou bien il n'en a pas et il faut aller l'y en mettre.

Au bout du compte, les deux voies mènent au même résultat : le monde – et soi dedans – aura un sens.

La question demeure pertinente, malgré tout : le monde a-t-il un sens intrinsèque, indépendant de la volonté humaine ? Qui donne sens à l'autre : est-ce le monde qui donne son sens à l'homme ou est-ce l'homme qui donne son sens au monde ? Ou est-ce une astucieuse combinaison dialectique des deux ?

Nietzsche jette sur ces questions une dualité : celle de la foi (qui *croit* que le monde a un sens intrinsèque) et de la volonté (qui *veut* donner du sens au monde). Mais il sait pertinemment que la Volonté de Puissance, en tant que concept ontologique universel, donne, en amont de toute foi ou de toute volonté, une orientation au monde, une flèche au temps.

Au fond, dit-il, prenez le chemin que vous désirez vers le sens de soi, le sens du monde et/ou le sens des deux, qu'importe, de toutes les façons, vous aboutirez à la « Volonté de Puissance » qui donne sens à tout.

Seules les pensées que l'on a en marchant valent quelque chose.

Crépuscule des Idoles

Penseur assis contre penseur errant. Nietzsche a beaucoup marché. Plusieurs heures chaque jour, par tous les temps. Toujours muni de son petit calepin, il marche, pense et s'arrête, note et repart. C'est en marchant ainsi que lui sont, de son propre aveu, venues les inspirations ou révélations majeures qui étayent toute son œuvre.

Mais outre ses habitudes à lui, je crois que la marche méditative et solitaire est sans doute le moyen le plus sûr pour s'inscrire dans une démarche intellectuelle et philosophique dynamique, axée sur le Devenir et non sur l'Être.

La pensée est un processus vivant, comme la connaissance. Rien ne peut y être statique. Seul un vagabond peut voir et accepter l'ouverture des paysages, les contrastes et contradictions d'un chemin, les bifurcations des voies, la multiplicité des éclairages... et la beauté du monde et de l'esprit.

Il y a, chez ce noble vagabond, un sens indéniable et indispensable, de l'étonnement, de l'émerveillement que la rencontre réelle, vécue, ressentie avec la Nature, alimente à chaque pas.

Et qui, aujourd'hui, rit le mieux, rira le dernier.

Crépuscule des Idoles

Pour continuer à rire longtemps et, éventuellement, être le dernier à rire, il faut rire mieux que bien. Rire, c'est prendre de la distance, avec ironie et humour. Le rire est l'antidote au découragement. Et Dieu sait si le monde des hommes est décourageant.

Mais que signifie, concrètement, prendre de la distance – pour mieux en rire ?

La notion de détachement est difficile car elle est tout sauf de l'indifférence ou de la résignation. Maître Eckart a écrit un *Traité du détachement* qui débute par ceci : « J'ai lu beaucoup d'écrits tant de maîtres païens que de prophètes, de l'Ancien et du Nouveau Testament, et j'ai cherché avec sérieux et tout mon zèle quelle est la plus haute et la meilleure vertu par quoi l'homme peut le mieux et le plus étroitement s'unir à Dieu et devenir par grâce ce que Dieu est par nature, et pour que l'homme soit le plus semblable à son image lorsqu'il était en Dieu, dans laquelle il n'y avait pas de différence entre lui et Dieu, avant que Dieu formât les créatures. Et lorsque je pénètre tous ces écrits autant que le peut ma raison et qu'elle est capable de le reconnaître, je ne trouve rien que ceci : le pur détachement est au-dessus de toute chose, car toutes les vertus ont quelque peu en vue la créature, alors que le détachement est affranchi de toutes les créatures. »

Que dire de plus... ?

> **J'appelle dépravé tout animal, toute espèce, tout individu qui perd ses instincts, qui choisit, qui préfère ce qui lui fait mal.**

L'Antéchrist

La dépravation est donc le contraire, l'opposé et l'antithèse de la fidélité à soi, de la pureté.

Est dépravé qui se trahit lui-même, c'est-à-dire qui trahit son destin propre, qui rechigne à son accomplissement, qui accepte les compromissions mondaines.

Il faut choisir entre se construire envers et contre tout ou tous, et se trahir avec tout et tous.

Au sens étymologique, la dépravation dérive du verbe *depravare* qui signifie « tordre, contrefaire » lui-même venu de l'adjectif *pravus* : « de travers, tortu, dévié ».

Est dépravé celui qui a dévié de sa voie, qui contrefait sa vie, qui torture son destin.

Il y a synonymie presque parfaite entre dépravation de soi et impureté en soi.

Nietzsche, pour une fois, ne se concentre pas uniquement sur les travers humains. Il parle de « tout animal, toute espèce ». La dépravation peut donc être autant naturelle que collective.

Je pense qu'écrivant cela, Nietzsche devait avoir en tête les espèces animales qui ont accepté de se laisser apprivoiser et domestiquer, les animaux qui ont accepté d'être dompté ou dressé. Et, pensant à eux, Nietzsche pense aussi, sans doute, à ces pans entiers d'humanité qui ont accepté le joug de l'obéissance et de la soumission...

> *La vie est, à mes yeux, instinct de croissance, de durée, d'accumulation de forces, de puissance : là où la volonté de puissance fait défaut, il y a déclin.*

L'Antéchrist

La « Volonté de Puissance » nietzschéenne porte d'autres noms en philosophie. Pour Aristote, c'est l'entéléchie, la propension de tout ce qui existe à atteindre sa propre réalisation. Pour Spinoza, c'est le *conatus*, effort profond et permanent visant la perfection de soi. Pour Schopenhauer, il s'agit de cette force du vouloir-vivre qui, chez lui, sous influence bouddhiste, prend tournure négative, source de tous les maux. Après Nietzsche, Bergson reprendra l'idée sous le nom d'élan vital avant que Teilhard de Chardin n'évoque l'évolution créatrice poussée par l'énergie divine.

Tous ces termes visent l'intention cosmique à l'accomplissement en plénitude de tout ce qui existe. Car cette intention ne concerne pas que l'humain. Elle est à l'œuvre dans la moindre parcelle de réel. C'est en cela que Nietzsche fonde une métaphysique, sa métaphysique du Devenir, bien qu'il se récrie et se revendique ennemi de la métaphysique. Bien plus, au-delà de cette métaphysique conceptuelle, c'est toute une mystique qu'il fonde : celle de la puissance de vie à l'œuvre qui anime (*anima* : l'âme) tout ce qui émerge du Mystère primordial.

Dès que cette force décline, la vie recule ; dès qu'elle s'éteint, la mort triomphe.

> *Un antisémite ne devient nullement plus respectable du fait qu'il ment au nom d'un principe.*

L'Antéchrist

Et dire que certains ont tenté de faire de Nietzsche un précurseur idéologique du socialisme nationaliste. Nietzsche connaît mal les Juifs, mais il respecte le judaïsme. Il affectionnera, après l'avoir découvert sur le tard, le philosophe Baruch Spinoza qu'il nommera son « précurseur ».

Dès les années 1870, en Allemagne comme en France, un vaste et profond mouvement antisémite animera les élites démagogiques. L'affaire Dreyfus, en France, en sera l'une des exécrables manifestations.

Aux sources de l'antisémitisme, il y a la haine des élites démagogiques pour cette élite aristocratique affichée et revendiquée que représente le peuple juif, le peuple « élu », lui-même fondé sur un principe aristocratique incarné par la tribu sacerdotale des Lévy où la précédence va aux descendants d'Aaron, frère de Moïse : les Cohen (*Cohanim*, au pluriel, en hébreu).

La tradition hébraïque et mosaïque impose à la treizième tribu (celle des Lévy) l'interdiction de posséder quoi que ce soit de matériel : elle est entièrement vouée à l'immatériel, au noétique, au spirituel. Sa nourriture était fournie exclusivement par les sacrifices que les douze autres tribus offraient au Temple.

Un antisémite ne devient nullement plus respectable du fait qu'il ment au nom d'un principe. (suite)

L'Antéchrist

Nietzsche, l'immoraliste, fait de la morale. L'antisémitisme le révulse. Parce que l'antisémite ment en accusant les Juifs de tous les maux de l'Occident. Parce que le mécanisme du bouc émissaire est une indignité absolue car il accuse l'autre, quel que soit cet autre, pour n'avoir pas à se regarder dans le miroir et y découvrir que chacun est seul responsable des maux qui l'accablent. Parce que l'antisémitisme est la pire des manœuvres des élites démagogiques pour galvaniser les masses et les souder, derrière elles, contre un « ennemi » commun, aussi fictif qu'imaginaire[1]. Parce que l'antisémite cherche à établir sa respectabilité, malgré l'indignité et le mensonge qui le fondent, en s'appuyant sur des idéaux qui, eux, pourraient être, dans d'autres bouches, respectables – même si tout idéal est, en soi, par essence, une illusion et un mensonge.

Toutes les élites démagogiques, surtout lorsqu'elles ont la visée totalitaire de tout assujettir au pouvoir politique, professent, plus ou moins implicitement, un antisémitisme sournois pour deux raisons majeures : le particularisme juif est un déni manifeste de leur fonds de commerce et l'élitisme juif est une contestation immédiate de leur légitimité.

---

1. L'ambition de ce faux notoire que fut le très russe *Protocole des sages de Sion* ne visait rien d'autre.

Zarathoustra

> *Le "saint mensonge" est commun à Confucius, aux Lois de Manou, à Mahomet et à l'Église chrétienne : il ne manque pas non plus chez Platon.*

L'Antéchrist

Dans le droit fil des deux commentaires précédents, on remarquera que Moïse est absent de la liste des menteurs et que Nietzsche, en ce qui concerne le christianisme, parle de « l'Église chrétienne » et non du Juif Jésus. Il aurait pu citer Augustin d'Hippone...

Bref. Quel est ce mensonge commun que partagent le chinois Confucius, l'indien Manou, l'arabe Mu'hammad, le chrétien Augustin et le grec Platon ? L'idéalisme ! Cette idée absurde qu'il existerait vraiment deux mondes l'un réel et imparfait, l'autre idéel et parfait. Le langage des symboles parlera de la Terre et du Ciel ; les langages idéologiques parleront du monde terrestre et du monde céleste, du monde matériel et du monde spirituel, du monde humain et du monde divin, du monde de la chair et du monde de l'âme ou de l'esprit, du monde de souffrance et du monde de béatitude.

Ces dualismes ontologiques ont fondé, sur tous les continents, l'idéologie dominante des masses sous la férule des élites démagogiques. Pourquoi ? Parce qu'elle les rend patientes, parce qu'elle leur promet, pour plus tard, ce qu'elles sont incapables de trouver, ici et maintenant, parce que leur faiblesse les rend inaptes au réel.

> **Mais une fois que Zarathoustra fut seul, il se dit en son cœur : "Serait-ce possible ! Ce vieux saint dans sa forêt n'a pas encore entendu dire que Dieu est mort !"**

Ainsi parla Zarathoustra

Cette citation est extraite du tout début de *Ainsi parla Zarathoustra* (§ 2 du prologue). Celui-ci sort de sa caverne et décide de descendre vers les hommes pour leur apporter sa bonne nouvelle, pour prêcher parmi eux son Évangile. Il rencontre un ermite qui le met en garde : les hommes n'entendront pas, ils se moqueront, ils rejetteront et Zarathoustra reviendra meurtri. L'ermite aura raison, mais Zarathoustra ne le sait pas encore : les hommes vulgaires sont irrécupérables, ils ne *veulent* pas du réel, ils préfèrent leurs *illusions* au réel, ils adorent leur propre faiblesse.

Lorsque Zarathoustra demande au vieux sage ce qu'il fait de sa vie, celui-ci lui donne cette réponse admirable : « *Je compose des chants et je les chante, et quand je fais des chants, je ris, je pleure et je murmure : c'est ainsi que je loue Dieu. Avec des chants, des pleurs, des rires et des murmures, je rends grâce à Dieu qui est mon Dieu.* »

Zarathoustra n'entend pas que l'ermite parle d'un Dieu qui est *son* Dieu et non celui des chrétiens. Et ce Dieu est Dieu immanent. Le vieux saint est un mystique qui habite une chaumière dans les bois et qui « cherche des racines dans la forêt »... qui cherche *ses* racines dans le domaine de Dionysos, de Pan et de Silène.

> ## *Le Surhumain est le sens de la Terre. Que votre volonté dise : que le Surhumain soit le sens de la Terre.*

Ainsi parla Zarathoustra

Le sens de la Terre… Celui que la Terre a ou celui qu'on lui donne ? Nous avons déjà eu ce débat. Encore une fois, Nietzsche nous dit : peu importe que la Terre ait déjà, ou pas, ce sens, pourvu que notre volonté le lui donne aussi. Le temps est orienté. L'univers est porté par une triple flèche claire que les physiciens qualifieraient d'expansion, de complexification et d'accélération.

Le Surhumain est le nom mystérieux – Nietzsche ne le définit nulle part, ne lui donne aucun contenu, mais le pose comme symbole et certitude – de ce qui dépasse l'homme et qui impose à l'homme de se surmonter pour le faire advenir.

De la nature du Surhumain nietzschéen, l'on pourrait gloser à perte de vue, en pure perte de salive. Peu importe, au fond, que la mutation de l'après-homme soit génétique ou noétique, ou les deux à la fois. Ce qui importe, c'est la dynamique du mouvement de surpassement de l'humain, de sortie du narcissisme humaniste, de rejet de tout anthropocentrisme : l'humain ne prend sens et valeur qu'au service de ce qui le dépasse, et il ne vaut que par ce qu'il fait et non par ce qu'il est.

> *« Je vous le dis : il faut encore porter en soi un chaos, pour pouvoir mettre au monde une étoile dansante. Je vous le dis : vous portez encore un chaos en vous. »*

Ainsi parla Zarathoustra

Cet avertissement, Zarathoustra le donne lors de son premier prêche. Il décrit le « dernier homme » qui ressemble, à s'y méprendre, à l'homme moderne de notre fin de monde. Mais la foule qui l'écoute, au lieu d'être révulsée par cette description d'un humain nihiliste, matérialiste, spirituellement mort, consommateur de tout et adorateur de rien, est enthousiaste et demande à Zarathoustra comment devenir, au plus vite, ce dernier homme. Zarathoustra est écœuré, déçu, blessé. Le vieil ermite de la forêt pourrait-il avoir raison ?

Zarathoustra lance un dernier appel, un dernier essai… et c'est la phrase ci-dessus.

La vie est vivante : pléonasme et lapalissade… mais mystère à rappeler. La vie est vivante et elle se pose en antithèse de tout ce qui se fige, se raidit, se fixe, se cristallise. La vie n'est vivante que parce qu'elle accepte, assume et suscite le chaos (Nietzsche emploie ce terme sans savoir qu'une théorie du chaos viendra qui lèvera une partie du voile posé sur le mystère de la vie).

Il faut, en soi, du chaos, pour rester vivant, pour engendrer et créer, pour « mettre au monde une étoile dansante » c'est-à-dire pour donner du sens qui, de loin, sert de phare et de guide.

> **De tout ce qui est écrit, je ne lis que ce que quelqu'un écrit avec son sang. Écris avec ton sang : et tu verras que le sang est esprit.**

Nietzsche, dans le droit fil de Schopenhauer, conspue les professeurs de philosophie (qui le lui ont bien rendu, d'ailleurs). La philosophie se vit d'abord. L'exemplarité est le seul tremplin de crédibilité des philosophes. Leurs logorrhées verbeuses et jargonneuses les discréditent plus qu'elles ne les posent.

Il faut écrire avec le sang qui coule de ses blessures de combat avec le réel, avec la vie, avec les autres. Ailleurs, Nietzsche, on l'a vu, dit que ceux qui ne peuvent être des saints de la connaissance, doivent, pour le moins, être ses guerriers. Seul un guerrier qui revient du front, couvert de sang et de boue, de tripes et de plaies, peut écrire sur la guerre. Les grands reporters, planqués au bar d'un hôtel cinq étoiles, n'en connaissent rien et leurs écrits sont illégitimes. Et voilà ce que sont les professeurs de philosophie : des reporters du combat des autres.

Et Nietzsche est un guerrier. Et il est couvert de blessures du corps (sa maladie), du cœur (ses deux amours déçus), de l'esprit (ses combats contre le paradigme ambiant) et de l'âme (sa religiosité, sa mystique qui se cherchent au-delà et contre sa religion originelle).

« Celui qui gravit les plus hautes montagnes, celui-là se rit de toutes les tragédies qu'elles soient réelles ou jouées. »

Ainsi parla Zarathoustra

Je me demande si Nietzsche a lu le *Traité du détachement* de Maître Eckhart… car, pour se rire de toutes les tragédies, il faut atteindre un haut degré de détachement, de distanciation, sans indifférence ni renoncement. Les « plus hautes montagnes » sont ces cimes philoso-phiques et mystiques d'où l'on ne perçoit plus, du monde des hommes, qu'un grouillement insignifiant. Il faut monter bien haut pour atteindre cette distance.

Mais nous qui, marchant dans le bois, défonçons d'un coup de botte une fourmilière savamment, patiemment, opiniâtrement, édifiée par des dizaines de milliers de fourmis, avons-nous la moindre pensée, la moindre idée des tragédies que notre geste engendre, ces centaines d'œufs oblongs et blancs que nous vouons au dessèchement et que des centaines d'héroïnes vont tenter de sauver de la mort, à toute allure. Ne voit-on pas là un *remake* des tranchées de Verdun ou de l'Yser ? Et pourtant, nous continuons notre ballade, comme si de rien n'était : il ne s'est *rien* passé.

Peut-on alors concevoir que le philosophe ou le mystique, lorsqu'ils montent suffisamment haut, puissent regarder les immenses tragédies humaines avec le même œil que celui que vous posâtes sur les affres de la fourmilière blessée ?

Je ne pourrais croire qu'à un Dieu qui saurait danser.

Ainsi parla Zarathoustra

Magnifique profession de foi !

Nietzsche connaissait-il le Shiva Natarâdja de l'Inde, ce Shiva dansant dont les cheveux au vent symbolisent les flots du Gange (pour l'herméneutique des attributs de cette représentation du Dieu, je renvoie mon lecteur au bel article http://fr.wikipedia.org/wiki/Shiva).

Les upanishad (ces écrits métaphysiques et mystiques qui terminent les Védas par ce que l'on appelle le Vedanta) parlent de *Lila*, le jeu dansant du divin qui joue avec le monde comme avec un jouet. Dieu serait un enfant qui joue. Avec le sérieux et la concentration des enfants qui jouent. Avec la même présence totale au présent.

Nietzsche dit pouvoir croire en un tel Dieu. Il y croit, d'ailleurs, avec une ferveur mystique puissante. Souvent, l'analogie profonde a été révélée entre le Shiva indien et le Dionysos grec. Ils sont semblables. Tous deux dansent. L'un d'une danse cosmique qui engendre et détruit perpétuellement tout l'univers. L'autre, lors de ses sorties orgiastiques, accompagné du dieu Pan (le dieu du Tout) et de son précepteur ivre, Silène, et suivi du cortège des Bacchantes et des Furies.

La vie intime du cosmos n'est qu'une immense bacchanale priapique...

> *L'État, c'est le plus froid des monstres froids. Il est froid même quand il ment ; et voici le mensonge qui s'échappe de sa bouche : "Moi, l'État, je suis le peuple."*

Ainsi parla Zarathoustra

Idéologiquement et politiquement, Nietzsche se rattache à la mouvance de l'anarchisme aristocratique ou, si l'on préfère, à l'aristocratisme libertaire. L'État est une invention des élites démagogiques. L'État est une idole froide et laide, c'est le temple des faibles, des parasites, des sangsues.

L'État n'est pas le peuple, il est son temple et ses prêtres sacrificateurs en sont les élites démagogiques qui confisquent le pouvoir sur le peuple, tous les pouvoirs : politiques, économiques, noétiques.

L'État est un monstre dévorant qui suce le sang des nations pour s'en goinfrer. Il est le diabolique serviteur des élites démagogiques.

N'oublions pas que l'anthropologie, ou la sociologie, nietzschéenne repose sur trois acteurs : la masse des faibles, c'est-à-dire de ceux qui sont inaptes à assumer leur propre destin, l'élite aristocratique qui assume bellement son destin sans rien demander à personne, et l'élite démagogique, issue de la masse, qui a compris que la masse est un formidable silo à exploiter et un extraordinaire fonds de commerce.

L'État est au centre d'une religion dogmatique et totalitaire, inventée par l'élite démagogique pour exploiter la masse.

> **Il naît beaucoup trop d'humains :
> pour ceux qui sont en trop,
> on a inventé l'État !**

Ainsi parla Zarathoustra

Je reprends cette citation, ici, pour compléter et poursuivre la précédente.

Qui sont « ceux qui sont en trop » ? La masse des faibles qui sont incapables de porter le destin humain, ni même d'y contribuer, un tant soit peu.

Qui est le « on » qui invente l'État ? L'élite démagogique qui se dresse, au nom de la masse, contre le « privilège » de l'élite aristocratique d'être fort : morale du ressentiment, morale des esclaves, morale des faibles.

L'élite démagogique est issue de la masse et est, comme elle, incapable d'assumer son destin propre. Ce n'est pas sa logique de vie qui est sa haine des forts au nom des faibles. Elle n'existe que « contre » les forts, que dans l'opposition à eux. Son énergie ne vient pas de la force, mais de la haine. Pour survivre, elle doit alimenter cette haine et sa seule ressource est la masse dont elle est issue et dont elle connaît la faiblesse.

Pour survivre, l'élite démagogique (le sens étymologique de « démagogie » est « guidance du peuple » ; un démagogue se pose en guide du peuple) doit faire alliance avec la masse contre l'élite aristocratique, c'est-à-dire, conformément à la logique même de la masse : lui procurer aide et protection dans une relation de maître à esclave.

« Là où cesse l'État, c'est là que commence l'homme. »

Ainsi parla Zarathoustra

Proudhon, Bakounine, Kropotkine ou Elisée Reclus n'auraient certes pas dit mieux. David Friedman non plus. L'État est l'ennemi de l'homme. Il hait l'homme. Il veut, à toutes fins, le transformer en citoyen, en soldat, en fonctionnaire, en contribuable. Des rôles, oui, mais d'homme, point. L'État rêve d'une société ruche ou fourmilière ou termitière où l'individu n'existe plus et où chaque zombie citoyen n'est plus qu'un rouage acquiesçant, jouant exactement le rôle qui lui a été assigné. Il faut relire les grands livres que la révolte de certains ont opposé au totalitarisme de l'État, de tout État, par essence même de l'État qui ne peut être que totalitaire. Relisons Franz Kafka, Hannah Arendt, Arthur Koestler, George Orwell, et tant d'autres. Et après avoir relu tout cela, regardons bien en face, avec tout le dégoût qui leur est dû, des personnages comme Sartre, Aragon, Althusser, et toute cette clique jusqu'à Badiou.

L'État ne peut qu'être totalitaire et bureaucratique ; c'est son essence même. L'État n'est qu'une mécanique, une machinerie, une machination pour broyer l'homme, l'individu, l'autonome, l'indépendant, l'asocial, le solitaire. Son symbole infect est la carte d'identité. L'État ne rêve que de tout ficher, de tout estampiller, de tout contrôler, de tout régimenter, de tout réglementer… pour le meilleur bien des faibles.

« Où cesse la solitude commence le marché ; et où commence le marché, commence aussi le vacarme des grands comédiens et le bourdonnement des mouches venimeuses. »

Ainsi parla Zarathoustra

Mais l'État n'est pas le seul ennemi de l'homme libre. Il y a les marchés, il y a l'économie triomphante ou, plutôt, l'économisme qui prône le « tout-économique », ce champ infini des vampires et des sangsues, des exploiteurs et des parasites. Car l'un ne va pas sans l'autre. Là où les plus malins domptent des salariés, les moins malins se contentent de sucer les miettes.

Il ne s'agit nullement, chez Nietzsche, de conspuer ni les indispensables activités économiques, ni les entrepreneurs qui mettent leurs talents productifs en branle pour fournir ce dont les moins talentueux ont besoin, contre juste rétribution. Ce que Nietzsche conchie, c'est l'industrialisme et son corollaire : le salariat.

La révolution industrielle a funestement marginalisé le pôle de l'artisanat au profit du couple patronat/salariat. Un patronat qui ne rêve que de gigantisme, de quantitatif et de financier face à un salariat (moderne forme de l'esclavage consenti et, même, espéré) qui ne rêve que de facilité et de farniente bien rémunérés.

L'homme économique solitaire, l'artisan, n'a que faire de ces titanesques illusions où patrons et salariés – ou plutôt, les élites démagogiques qui les représentent – jouent de dérisoires comédies.

J'aime la forêt. On vit mal dans les villes : il y a trop d'humains en rut.

Ainsi parla Zarathoustra

La ville : ce cloaque de nos promiscuités, ce temple de l'artificiel et de la dénaturation de tout, ce tout-à-l'égout de toutes les turpitudes humaines, cette cathédrale du vice anonyme.

Nietzsche n'aime pas les villes. Durant presque toute sa vie adulte, il vécut hors de la promiscuité urbaine (à une époque où la population mondiale était le cinquième de ce qu'elle est aujourd'hui et où la plupart des villes avaient encore une taille « humaine »). Il passe le plus clair de son temps en longues promenades dans les campagnes, en montagne ou en forêt, ou enfermé dans sa chambre d'hôtel. Il ne fréquente pas les citadins. Il les méprise.

Il sait trop que, du christianisme au révolutionnarisme, de l'académisme au socialisme, l'étatisme et le légalisme, toutes les calamités qu'il décèle, ont leur source et leur origine dans les villes.

La campagne n'a nul besoin de tout cela : elle a la vie et la nature, elle cultive la solidarité concrète et la bonne connaissance de l'autre, elle aime la solitude et la privauté.

Le village est un système autorégulé qui n'a que faire des lois et gendarmes de la ville ; il a ses propres lois et son ordre autonome.

> **_« Votre amour du prochain n'est que votre mauvais amour de vous-mêmes. »_**

Ainsi parla Zarathoustra

Sus au fondement même du christianisme : l'amour du prochain.

Avec la résurrection des corps, l'amour du prochain est la grande invention chrétienne. Bien sûr, comme le reste, les racines sont bibliques, donc juives, mais le sens en a été profondément trahi. En effet, tant dans le livre de l'Exode que dans le Deutéronome, on trouve une phrase dont la traduction convenue – mais fausse – dit : « Aime ton prochain comme toi-même. » Le texte hébreu, en traduction littérale ne dit pas cela ; il dit ceci : « Tu aimeras ton ami comme toi-même. » Il y a là plus qu'une petite nuance, non ? La notion du « prochain » est inconnue de l'hébreu. Il y a les amis, les ennemis et la masse des indifférents. Ce sont les amis que l'on aimera, pas les autres.

Quant à l'amour des hommes (de tous les hommes, même les plus lointains), Nietzsche fait procès de prétendre qu'il n'est qu'une étiquette trompeuse, collée sur une bouteille contenant un tout autre vin, bien moins suave. Aimer les autres, c'est ne pas s'aimer soi-même car l'autre et soi étant radicalement différents, on ne peut aimer l'un qu'en prenant distance de l'autre. Personne ne peut aimer quelque chose et son contraire hors ce plus petit dénominateur commun qui ne traduit que de l'anatomique, mais qui, sur l'essentiel, est bien insignifiant.

> ❝ *Et garde-toi des bons et des justes ! Ils aiment à crucifier ceux qui s'inventent leur propre vertu, – ils haïssent le solitaire.* ❞

Ainsi parla Zarathoustra

Nous y voilà. Les bons et les justes aux yeux de la masse, aux yeux des faibles, aux yeux de ceux que les faibles élisent comme les meilleurs d'entre eux. Ceux-là, les tyrans, les totalitaires, les dictateurs de la médiocrité exècrent le solitaire, celui qui affirme son autonomie et son asocialité, son asocialisme.

Les bons et les justes : l'expression est criante de justesse. Bonté et justice.

La bonté : le fait de donner au faible l'assistance qu'il quémande sans rien exiger en retour, afin qu'il puisse savourer les délices de sa faiblesse en paix.

La justice : le fait de vouloir affaiblir les forts, par tous les moyens, la violence, même, s'il le faut afin que tout soit égal en médiocrité et en faiblesse.

Aujourd'hui on dirait solidarité égalitariste et justice sociale. Mais bonté et justice sonnent plus profond.

La tyrannie des « bons et justes » a ceci d'exécrable qu'elle semble bonne et juste aux yeux des bons et des justes. Horrible tautologie. Imparable.

Seul Nietzsche, par dérision et dépit, a osé se qualifier de cruel et d'injuste... alors que ni bonté ni justice, ni cruauté ni injustice n'avaient la moindre valeur significative à ses yeux.

> # *Créer, c'est la grande délivrance de la douleur, et l'allégement de la vie.*

Ainsi parla Zarathoustra

Désencombrer la vie et libérer la joie par la création. Encore faut-il savoir ce que Nietzsche entend par « création »...

Créer, c'est susciter, à travers soi, tous les engendrements, toutes les émergences venant de la « Volonté de Puissance ». C'est l'exprimer, en somme, la manifester.

Lorsque « je » crée, ce n'est pas moi qui crée, mais il est créé à travers moi, « cela » crée à travers moi. Le « je » n'est ici que canal de création : ce « je » n'est que le pinceau du peintre, la plume du poète, le ciseau du sculpteur, l'instrument de ce « cela ».

Et qui ou quoi ce « cela » peut-il bien être ? Qu'importe le nom qu'on lui donne ; ce peut être la « Volonté de Puissance », bien sûr, ou le cosmos, ou l'Un, ou le Tout, ou Dieu (mais pas ce Dieu personnel et transcendant des monothéismes ; un Dieu immanent, plutôt).

Lorsqu'il donne libre passage à la « Volonté de Puissance » pour laisser créer à travers soi, chacun accède à un niveau d'être supérieur, sans douleur, sans lourdeur. Car la douleur et la lourdeur sont précisément les symptômes d'un ego qui, pour se faire croire qu'il existe en soi, veut s'affirmer *contre* la dynamique créative du cosmos.

Chaque homme n'est qu'une forme particulière et singulière par laquelle l'intention cosmique se manifeste et s'exprime.

"Vouloir" délivre.

Ainsi parla Zarathoustra

La libération par la volonté. Deux mots seulement, mais deux mots terribles.

Lorsque la volonté veut la liberté, la liberté libère la volonté.

La liberté se crée, donc. Elle est un état d'esprit.

Mais attention : « La liberté, pour quoi faire ? » interroge Nietzsche. Si l'objet de cette liberté n'est que l'assouvissement de caprices puérils (« Je fais ce que je veux, na ! »), autant ne pas la revendiquer ; elle serait plus néfaste et destructrice que tout.

Qu'est-ce que la liberté ? La possibilité des possibles. Je m'explique : le passé inonde le présent, chaque instant présent, ici et maintenant, d'un champ d'impossibles, autant de conséquences de toutes les émergences et impasses qui se sont accumulées dans la mémoire cosmique. La « liberté » de s'opposer ou de nier ces impossibles est simplement absurde. Ce n'est pas d'elle dont il s'agit. Par contre, entre tous ces impossibles, s'offrent d'innombrables possibles parmi lesquels la liberté permet de choisir les plus riches et les plus féconds au service de l'accomplissement de soi, de l'avènement du Surhumain et de la manifestation de la Volonté de Puissance.

Là, naît la vraie liberté. Mais elle ne naît que si elle est voulue en ce sens strict : on ne peut vouloir et atteindre qu'une liberté au service de son destin propre.

" *Gardez-vous de cracher contre le vent !* "

Ainsi parla Zarathoustra

Sage conseil que tous les marins du monde connaissent parfaitement. Mon maître en voile me l'avait enseigné avec des mots plus crus où il était question de seaux d'immondices et de pisse.

Il y a comme un relent de taoïsme, là-dessous. Une histoire de *wu-weï*, de non-agir. Une idée d'aller où l'on veut (liberté) à la seule condition d'accepter et d'utiliser les forces qui nous dépassent (soumission). Une histoire qui dit que celui qui nage à contre-courant s'épuise à n'aller nulle part alors que celui qui nage avec le courant, ne se fatigue pas et va où il veut, toujours en aval, toujours avec l'histoire et non contre elle, toujours avec la mémoire et la logique du cosmos et non contre elles.

L'univers réel est une dynamique. Les penseurs grecs disaient qu'il court du chaos (désordre) au cosmos (ordre). La flèche du temps est bien là qui indique la vraie direction aux girouettes de l'histoire des hommes.

Ni nostalgie ni utopie, ni hasard ni nécessité, ni pessimisme ni optimisme : l'avenir n'est écrit nulle part, mais ses contraintes sont écrites partout.

> **Ce sont les mots les plus silencieux qui amènent la tempête. Des pensées qui viennent sur des pattes de colombes mènent le monde.**

Ainsi parla Zarathoustra

Un bel adage chinois dit qu'une forêt qui pousse fait bien moins de bruit qu'un arbre qui tombe. L'essentiel est toujours silencieux. Ce qui fait du bruit est insignifiant. Le spectaculaire est puéril et grotesque.

Quelle belle leçon pour nous qui sommes gavés, jusqu'à la nausée, du spectacle des médias, de ce fatras inepte et insignifiant que l'on nomme « actualité ». Rien ne se passe dans cette actualité. Faites l'expérience : éliminez de votre vie tous les journaux imprimés, radiophoniques, télévisuels ou « internautiques » pendant quelques mois (je l'ai fait) et vous constaterez deux choses : il ne se passe presque rien d'important et ce qui se passe d'important vous parvient toujours.

L'actualité est un leurre ; « être au courant » traduit l'anxiété et non la connaissance.

À quoi peut bien servir l'attention à l'insignifiance quotidienne lorsque l'on connaît l'impossible et l'inéluctable et lorsque l'on sait que hors d'eux, tout et son contraire sont possibles ?

Mais voilà bien la source de l'angoisse des faibles : ils ne connaissent ni l'inéluctable ni les impossibles (car pour eux, rien n'est inéluctable ou impossible puisqu'ils croient aux miracles) et ils croient qu'il n'y a qu'une seule « bonne » solution à leur problème du moment *à eux*.

« L'homme est quelque chose qui doit être surmonté. »

Ainsi parla Zarathoustra

En suite à ce qui précède, je reprends cet aphorisme capital.

Et je reprends aussi ma propre phrase : « Lorsque l'on connaît l'impossible et l'inéluctable et lorsque l'on sait que hors d'eux, tout et son contraire sont possibles »...

L'impossible ? Que l'homme puisse être considéré comme le centre, le sommet et le but du cosmos. Regardez-le cet homme : quelques milliards de parasites qui pillent, saccagent et polluent la plus belle, la plus rare – et la plus fragile – des planètes connues.

L'inéluctable ? Le dépassement de l'humain, le passage au stade suivant de l'évolution, considérant que les pillages et saccages de l'homme auront été le prix à payer pour que cette évolution soit possible et se continue...

Les possibles ? Il n'y en a que deux, chacun déclinable selon des myriades de variantes et *scenarii* : la fin de l'homme ou le dépassement de l'homme. La Nature a horreur, non seulement du vide, mais surtout de l'inutile ; s'il s'avère que l'humain est inutile – sachant qu'au stade actuel il est notoirement nuisible –, il sera détruit. Il peut encore saisir sa dernière chance – du moins cette petite minorité d'hommes « nobles, vrais et supérieurs » qui a conscience du destin et de la mission de l'humanité, peut la saisir – et œuvrer à l'avènement du Surhumain. Et le choix, c'est maintenant.

" *Être véridiques : peu de gens le savent ! Et celui qui le sait ne veut pas l'être !* "

Ainsi parla Zarathoustra

Être véridique, dire la vérité, parler vrai... Que voilà bien les plus terribles défis pour les enfants de l'hypocrisie et du mensonge que nous sommes.

Peu de gens sont capables de parler vrai. Et les rares qui en sont capables, ne le veulent pas car dire la vérité les mettrait en danger, face à la vindicte des foules qui se gavent d'hypocrisies et de mensonges, d'illusions et d'apparences, d'opinions et de rumeurs savamment orchestrés par les maîtres manipulateurs, par les comploteurs à la solde des élites démagogiques.

Pourquoi le parler vrai est-il si difficile, voire impossible ? Parce qu'il faut être bien fort pour entendre la vérité, sur soi, sur l'homme, sur le monde, sur Dieu... et que la plupart des hommes sont bien trop faibles pour l'accepter.

Les faibles (riches ou pauvres, érudits ou ignares, malins ou benêts, maîtres ou esclaves, vedettes ou quidams) hurlent en chœur : « Cachez-nous notre vérité et gavez-nous de bobards ! Tout vaut mieux que le vrai. »

Tout cela fait les choux gras de la caste médiatique qui ne vit que des mensonges et hypocrisies des élites démagogiques ou de ceux qu'elle invente contre elles.

On sait bien que la vérité absolue n'existe pas, mais, même relative, elle reste largement inaudible !

Ce qui a son prix a peu de valeur.

Ainsi parla Zarathoustra

Non, tout n'a pas un prix. Non, tout n'est pas à vendre. Non, tout n'est pas achetable. Il n'y a que les cyniques pour pouvoir faire semblant de croire en ces inepties nauséabondes. Et je présente mes excuses à Diogène de Sinope pour devoir – parce que le langage est ainsi devenu – utiliser le beau nom de la philosophie cynique pour parler de ce qui n'est, en somme, qu'une déficience de l'esprit et de l'intelligence.

Non, tout n'est pas marchandise. Non, tout n'est pas « marchandisable ». Par morale ? Non. Par nature. Ne peut être vendu ou acheté que ce qui peut être transmis, que ce qui peut être possédé. Et tout ne l'est pas, loin s'en faut.

Des exemples ? Les mémoires, les talents, les intelligences, les savoir-faire, les renommées, les émotions, les sentiments, la sagesse, la connaissance (au sens initiatique et spirituel, loin des savoirs mis en conserve et des discours de salon).

Il est assez facile de comprendre que la marchandise n'est marchandise que parce qu'elle a un prix, que parce qu'il existe un marché (d'où son nom) où elle peut être échangée contre de l'argent (ou toute autre forme de contrepartie monétaire). La marchandise n'est telle que parce qu'elle est comptabilisable. Et tout n'est pas quantifiable, monétisable et comptabilisable. Bien au contraire.

" *Deviens qui tu es et fais ce que toi seul peux faire !* "

Ainsi parla Zarathoustra

Il fallait, c'est évident, terminer par cet aphorisme qui, clairement, est tout un programme de vie.

Lecteur, je laisse cette page blanche pour que vous y notiez ce que vous comptez faire, dès demain, pour le mettre en application...

Épilogue : Nietzsche et nous

Nietzsche se veut le porteur de la nouvelle Bonne Nouvelle, du nouvel Évangile, celui des temps qui viennent. Il signa ces dernières lettres de : « L'Antéchrist », certes, mais aussi de : « Le Crucifié ».

Nietzsche se voulait le messie des temps postmodernes. Zarathoustra, son Zarathoustra, pas celui de la Perse antique, c'est lui.

Son Évangile, ainsi que son Credo en quatre points (Dieu est mort – Le Surhumain – La Volonté de Puissance – L'Éternel Retour), annonce des temps nouveaux : ceux de la libération de l'homme de ses esclavages intérieurs, de ses croyances en ces fantasmes puérils qu'il nomme « idéaux ».

Les contemporains de Nietzsche, enlisés dans la révolution industrielle et ses retombées massives tant économiques et technologiques que politiques et sociales, ne pouvaient entendre cet Évangile nouveau. Mais nous, ici, maintenant, subissant les affres – en attendant les misères et les souffrances – de l'effondrement de la modernité et de ses rêves d'opulence, de croissance, de confort et de facilité illimités, nous commençons à comprendre le message de ce prophète du troisième millénaire que fut Nietzsche.

Aimer la **Vie** et non plus ce Dieu imaginaire, étranger au monde et à sa réalité, ce Dieu qui est mort. Aimer la Vie sous toutes ses formes, et non plus la piller, la saccager et la détruire pour satisfaire nos caprices d'enfants gâtés. Nietzsche écologiste ou écologue ? Il l'eut été, sans nul doute, lui qui détestait copieusement la ville et qui marchait dans la campagne des heures tous les jours, par tous les temps.

Espérer le **Surhumain** et sortir de l'impasse narcissique et nombriliste des humanismes et autres anthropocentrismes. L'homme n'a de sens et de valeur que par ce qu'il fait. Il ne possède aucune dignité intrinsèque qui en ferait un demi-dieu sur Terre. L'homme doit justifier sa présence et sa survie, il doit justifier ses prédations et ses prélèvements sur cette Nature qui ne lui appartient pas. Et sa seule justification possible est d'œuvrer, de toutes ses forces, à l'avènement de ce qui le dépasse, de l'Esprit, de l'Intelligence, de la noosphère, bref : du Surhumain.

Faire la **Volonté de Puissance** et comprendre que la joie – qui est la seule voie du salut humain – ne vient que dans la convergence de l'accomplissement de soi et de l'accomplissement du Tout. La Volonté de Puissance est le moteur ultime, unique et omniprésent de l'évolution du Cosmos. Sans elle, rien n'a de sens. Avec elle, tout prend sens. Elle tend à multiplier les possibles, à augmenter tous les potentiels, à actualiser toutes les latences ; elle veut enrichir la Vie, partout, toujours, en chacun et en tous. Il faut comprendre que la liberté n'est possible qu'en se soumettant à elle comme le marin ne peut aller où il veut que s'il accepte et assume la toute-puissance de l'océan.

Connaître l'**Éternel Retour** et vivre chaque instant de vie comme s'il fallait le revivre éternellement. Chacun construit, à chaque minute, son propre paradis et son propre enfer éternels. Éternel Retour à soi, aussi, à sa propre idiosyncrasie, à sa propre vocation dans le refus opiniâtre et obstiné de s'en laisser distraire ou détourner ou divertir. Qu'importe le bonheur, seule l'œuvre compte. Et chacun porte au fond de lui l'œuvre que lui seul peut accomplir. Il faut l'y chercher, l'y trouver et assumer joyeusement ce destin qui naît en nous lorsque nous naissons.

Ces quatre messages sont désormais d'actualité, d'une actualité brûlante. Il en va de l'avenir de l'espèce humaine qui, telle qu'elle est, court à la catastrophe et au suicide collectif.

L'humanité d'aujourd'hui saura-t-elle mobiliser les immenses énergies nécessaires pour passer à l'âge adulte, pour laisser là, dans un grand éclat de rire, les croyances de l'enfance et les rêves de l'adolescence ? Qui le sait ?

Mais une chose est certaine : les miracles et les anges n'existent pas ; l'égalité et la facilité non plus.

Le tragique est là, bien réel : un tragique joyeux qui fait rejeter aux orties tous les espoirs et toutes les espérances comme autant de fantasmes puérils. Le sens du tragique est joyeusement dés-espérant c'est-à-dire désillusionnant. Il n'y a rien à espérer, il y a tout à vouloir et à inventer et à construire.

L'adolescent croit que le bonheur lui sera octroyé et qu'il viendra de l'extérieur, que le « système » veillera sur lui, le nourrira, le protégera… comme papa et maman. L'adulte sait que cela est faux ; il sait que la joie est un état d'esprit et qu'elle doit se vouloir de l'intérieur par l'accomplissement de tous les accomplissables.

Chacun est responsable de sa propre joie de vivre. Chacun est responsable de son propre destin. Chacun doit assumer totalement ce destin et construire sa plus parfaite autonomie.

Bien peu d'humains en sont capables. Rien n'y fera. Le seuil est là, devant, tout proche. Quelques-uns le franchiront ; les autres pas.

Ainsi le veut la loi de Dionysos !

Index des noms propres

Index des notions

A

allemand 9, 17, 77, 150
âme 15, 17, 24, 83, 90, 130, 169
antisémite 165, 166
art 11, 12, 13, 43, 44, 45, 60, 73, 103,
  110, 156

C

chrétien(ne) 9, 10, 13, 15, 16, 31, 32, 52,
  62, 64, 69, 85, 90, 131, 140, 141, 145,
  169
christianisme 12, 28, 34, 62, 68, 69,
  76, 84, 102, 140, 141, 169, 180, 181

D

démagogique 39, 140, 169, 176, 177,
  189
démocratie 67, 89
dernier homme 32, 105, 172
destin 12, 16, 17, 34, 36, 39, 60, 63, 65,
  66, 68, 75, 78, 81, 86, 89, 98, 111, 113,
  127, 143, 144, 149, 151, 156, 163, 176,
  177, 184, 187, 192, 193

E

dieu 13, 14, 15, 30, 31, 37, 55, 62, 68, 76,
  85, 88, 89, 90, 140, 141, 158, 162, 170,
  175, 183, 188, 191

E

esclave 27, 34, 62, 94, 177, 188, 191
« Éternel Retour » 17, 35, 46, 87, 88,
  109, 191, 192
éthique 9, 13, 14, 68, 158

G

grec 9, 12, 24, 74, 96, 126, 127, 169, 175

H

hommes supérieurs 14, 16, 77, 111, 127

I

idéalisme 9, 54, 64, 142, 144, 169

J

juif 90, 165, 166, 169

Bibliographie

Les œuvres de Nietzsche

Œuvres philosophiques complètes de Nietzsche – établies par Colli et Montinari (Gallimard-NRF – parution échelonnée sur de nombreuses années).

Œuvres de Friedrich Nietzsche – édition dirigée par Jean Lacoste et Jacques Le Rider (Robert Laffont, « Bouquins », 1993).

Œuvres de Nietzsche – sous la direction de Marc de Launay (NRF-Gallimard, « La Pléiade », 1929).

La plupart des œuvres de Nietzsche ont aussi fait l'objet de nombreuses éditions en format de poche (Marabout, Folio, Livre de poche, Garnier-Flammarion, etc.).

Les ouvrages sur Nietzsche

Nietzsche, Carl Paul Janz, NRF Gallimard, 3 tomes, 1984.

Nietzsche et le problème de la civilisation, Patrick Wotling, PUF, 1995.

Nietzsche et la métaphysique, Michel Haar, « Tel » Gallimard, 1993.

Nietzsche, Daniel Halévy, Grasset, Livre de poche, 2000.

Nietzsche, la question et le sens, Jacques Sojcher, Ancrage, 2000.

Nietzsche, Gilles Deleuze, PUF, 1965.

Nietzsche et la philosophie, Gilles Deleuze, PUF, 1962.

Nietzsche – Un continent perdu, Bernard Edelman, PUF, 1999.

Nietzsche – L'art et la vie, Philippe Choulet et Hélène Nancy, Le Félin, 1996.